人は聞き方が9割

永松茂久
Nagamatsu Shigehisa

1分で心をひらき、
100％好かれる聞き方のコツ

すばる舎

「『ねえ、聞いてる？』とよく言われる」

「会話がなかなか続かない」

「口下手で思いをうまく言葉にできない」

「ついつい話しすぎてしまう」

「初対面の人と会うと、どうしても緊張してしまう」

「自分から話題を作ることに苦手意識がある」
「人と話したあとは、いつもグッタリ疲れてしまう」
「もっとコミュニケーションが楽になる方法を知りたい」
「聞く力を身につけたい」

こんな思いを持っている人に贈ります。

〔はじめに〕話なんか苦手なままでいい

「目の前に人がいると『何か話さないと』とつい焦ってしまう……」

「自分ばかりが話しすぎてしまって、いつも後悔してしまう……」

「結局、今日も言いたいことがうまく伝えられなかった……」

こんなふうに、会話において悩んでしまう人は少なくありません。

家族、仕事、人との出会い、コミュニティ。私たちはいろんな人間関係の中で生きています。

そしてその関係性の大部分を、会話を通して作っていきます。

ですから、いい会話ができるかどうか、ここは人といい人間関係を作っていけるかどうかの大きな鍵になります。

しかし残念ながら、多くの人が間違った思い込みをしています。それは、

「人といいコミュニケーションを取るためには、とにかく話し上手になる以外の方法はない」

というものです。

コミュニケーションに限定すれば、実はこれは間違いです。

会話は話す側と聞く側で成り立っています。

にもかかわらず、**多くの人が「話す」ということばかりにとらわれてしまい、もう片方の「聞く」ということの重要性を忘れている**のです。

現に、話し方教室や話し方に関する本は山のようにあります。

しかし、聞き方教室や聞き方に関する本となると、圧倒的に数が減ってしま

います。

本当は一番大切で、一番役に立つにもかかわらずです。

話し方で人に好かれるのは、とても高度な観察眼やテクニック、言い回しや語彙力が必要となります。

実際に、難しいテクニックばかり学ぼうとして失敗している人は少なくありません。

これから具体的に「聞く」ということについてお伝えしていきますが、この本を読み進める前に、まずあなたに最初に覚えておいてほしいことがあります。

それは「**人は本来話したい生き物である**」ということです。

本当は「話し上手な人」よりも「話させ上手な人」を求めているのです。

ということは、会話を上達させる一番のコツは、

「苦手な話し方を磨くことや、苦手な人との会話に使う時間を減らし、自分の

大切な人の話を聞く時間を増やすこと」

ただこれだけです。

会話上手な人は実はここを心得ているだけで、ほかに難しいことはやっていません。話をしっかりと聞くことで、まずは相手を理解し、相手の求めていることを投げ返しているだけです。

本当は話なんか苦手でもいいのです。

解決しなくていい、無理にいい話などしなくていい、ただ寄り添うだけでいいのです。

気持ちを理解してくれる、ただそれだけで人は救われます。

そして、自分を理解してくれる人のことを、人は好きになります。

あなたに、その貴重な人になってほしいと思って本書を書きました。

詳しくは本文（P43）でお伝えしますが、聞くことで手に入れることができるメリットをお伝えします。

①語彙力が少なくてすむ
②聞くことは読書と同じ
③人の感情が読めるようになる
④相手を不快にさせるリスクが減る
⑤聞くことで自分の盲点が見えてくる
⑥沈黙をおそれなくてすむ
⑦話すより聞く側のほうが、勝手にすごい人にされてしまう

話す前にまずは聞くこと。

この大切さを十分にご理解していただくためにも、難しいことは一切書きません。

やれば誰にでもすぐ簡単にできて、効果が絶大なことのみに絞り込んでご紹介していきます。

2019年、『人は話し方が9割』という本を書き、おかげさまでたくさんの方に読んでいただくことができました（ちなみにこの「9割」という言葉は、私の中では、実は90パーセントという意味ではありません。「ほとんどと言っていいほど大切なこと」を「9割」と表現しています）。

「話し方と聞き方ってどっちが大切なのでしょう？」

という質問をよくいただきますが、迷わず私は

「コミュニケーションにおいては、話し方より聞き方のほうが大切である」

と言い切っています。

つまりこの本は『人は話し方が９割』のさらに大切な部分と考えていただければと思います。

これから紹介していく聞く力を身につけていただくことによって、あなたが今まで持っていた会話における悩みが吹き飛び、コミュニケーションの質が今よりはるかに高まっていくことをお約束します。

さあ、準備はいいでしょうか？

では、これから

「相手が自然と話し始め、勝手にあなたのことを好きになる最高の聞き方」

を手にしていきましょう。

第1章 なぜ「聞く人」はうまくいくのか？

第2章

人に好かれる人の聞き方

第3章

嫌われない聞き方

第4章

「また会いたい」と思われる人の聞き方

ブックデザイン：小口翔平＋加瀬梓＋後藤司（tobufune）
DTP：野中賢（システムタンク）
：安田浩也（システムタンク）
イラスト：久保久男
図版：朝日メディアインターナショナル

第1章

なぜ「聞く人」は うまくいくのか？

01

「ねえ、聞いてる？」問題

日本全国で当たり前のように繰り広げられる争い

「ねえ、あなた、ちゃんと聞いてる？」

「うん、聞いてるよ」

「聞いてない！　あなたはいつも私の話をちゃんと聞いてくれないじゃない」

「ちゃんと聞いてるだろ！　何が不満なんだよ？」

このやり取りは古今東西、日本全国至るところで繰り広げられている、誰もが一度や二度は目にした、もしくは体験した光景でしょう。

時代が変わり、男性がソファに座って新聞を読んでいた姿が、スマートフォンやパソコンに変わっただけの違いで、この心理戦はずっと繰り広げられています。

「聞く」ということに対するすれ違い

この会話例の男性のように「話を聞いてる」と言う人の多くは、本当に話を聞いています。

ただし、「聞く」ということの解釈に違いがあるのです。

「話を聞いてる」と言う人の多くは「言葉」を聞いています。つまり内容はしっかりと把握できているのです。

しかし、「話を聞いてほしい」と言う人の多くは、その話の奥にある「感情」を聞いてほしいのです。

片方は言葉を理解するために聞く。そしてもう片方は感情を受け止めてほしくて話す。この2つの目的の違いがすれ違いを起こしてしまうのです。

そしてこれは男女だけでなく、上司と部下、友人関係、親子、すべてのコミュニケーショントラブルの元となる違いなのです。

このすれ違いがゆえに人間関係がうまくいかなくなるケースは山のようにあります。

聞き方がうまい人は少ない

さて、ではここで、これまでの経験を振り返って、「この人の話は面白かったなあ」「あの人は話し上手だったなあ」とあなたが思う人のことを、思い出してみてください。

テレビの人気芸人、飲み会の場でみんなを笑わせる人、職場のプレゼンテーションで周りの人を1人残らず納得させる人、思わず時間を忘れて話に聞き入った人。

こうした人は印象に残りやすいので、過去を遡ると、誰もが数多くの人を思い出すことができるのではないでしょうか？

さて、では次に、「この人は聞き上手だったなあ」と思える人を思い出してみてください。

「この人に聞いてもらうと、つい話しすぎちゃった」

「この人は自分の話をしっかりと聞いてくれた」

と思える人です。

さて、いかがでしょうか。

話し上手な人は簡単に思い出すことができても、聞き上手な人はかなり記憶を掘り起こしてみないと思い出すことができなかったのではないでしょうか？

そうです。

それくらい聞き上手な人というのは数が少ないのです。

100％
好かれる
聞き方のコツ

01

「聞き上手」は貴重な存在だということを理解する

02

安心感からすべてが始まる

今、人が一番必要としているもの

2020年の初頭に始まった新型コロナウイルスの大パニック。間違いなく歴史の教科書に載るであろうこの一大事は、私たちの想像をはるかに超える長期戦になり、世の中に大きなダメージを与えました。

こうした背景も含め、私たちの生きる世の中、そして思考の中に大きくはびこった感情があります。

それは「不安」。

ここから先、自分たちの生活はどうなるのか？

仕事は？　世の中はどう変わっていくのか？

いつまでこのパニックは続くのか？

こうした数多くの不安が私たちの頭の中に居座ってしまいました。

もともと日本人はどちらかというと、老後の不安、職場の悩み、仕事の先行きなど、ただでさえ安全第一の不安体質な民族です。これに加え、コロナ禍がその気質をさらに強固にしました。

不安になれば、当然ですが、人が求めるものはその逆のものになります。

不安の逆にある、今、人が求めているもの、それは

「安心感」


です。

そしてこの安心感こそが、社会に対してだけでなく、ふだんの生活において私た

ちを取り巻く人間関係全般において、一番の基礎になるものなのです。

昔の偉い人が教えてくれた人間の欲求

これから「聞き方」について、いろんなことをお伝えしていくことになります。

その上で、本書の理解を深め、すぐ日常生活で使っていただくために、本を貫く1本の軸となる理論をインストールしてください。

理論といっても、とても簡単なことです。

それは

すべての人が一番初めに求めているもの、それは安心感である

ということです。

人にはいろんな感情があります。プラスの感情だけを見ても、興奮、高揚、喜び、幸福、達成感など、他にもたくさんあります。

しかしその中で一番初めの基礎となるものであり、人が一番求めているもの、それは安心感なのです。

マズローという歴史的に有名な心理学者が人間の欲求を5段階に分けて表現したのですが、（生命の維持に最低限必要な「生理的欲求」をのぞいて）一番基礎になる欲求のベースを「安全の欲求」と表現しています。

このことからも、安心感という感情が私たちにとっての基礎になるということが証明されています。

つまり、人は安心感なくして他の感情を満たすことはできないのです。

100%
好かれる
聞き方のコツ
02

「自分は人に安心感を与えているか？」を常に意識する

03

人はみな話したい生き物

生まれた時に一番初めに覚える感情

人はなぜそこまで安心感を求めるのか？

この疑問を持っていた私にある人がこんなことを教えてくれました。

「永松さん、人が生まれて一番初めに体験する感情ってなんだかわかりますか？」

「うーん、なんですかね？」

「それは『排出』の感情なんです」

「排出？」

「そう、排出。まず生まれて一番初めにすることってなんですかね？」

その方の答えはこうでした。

私たちが生まれて一番初めにすること、それは「オギャー」と泣くことです。

そして文字通り排出、つまりおしっこやうんちをすることで、赤ん坊は無意識のうちに「気持ちいいー」という感情を体験するということでした。

学びの場合はインプットから始まるのですが、本能的な視点で見ると、人間の感情はまずアウトプットから始まるのですね。

「話す」ことは気持ちいい

さて、では最初にアウトプットすることが快感である私たち人間にとって、気持ちいいことってなんでしょうか？　答えは簡単。

それは自分の思いを口にすること、つまり「話す」ということです。

人によって口数が多い、少ないの差はあるにせよ、人は話すということによって心理的な快感を得ているのです。

自分自身を振り返ってみるとすぐわかると思いますが、苦しい時や行き詰まった時、涙を流したり、思いを口にすることで楽になることはたくさんあります。

脳科学的な研究からも、人は聞いている時より、話している時のほうが心理的快感を得ているということは、数々の臨床データで証明されています。

本来、生まれ持って人は話したい生き物なのです。

コミュニケーションの達人だけが知っている人間の3大心理

2019年の9月に発刊された、この本の兄弟本である『人は話し方が9割』に、人間の3大心理を書きました。この3大心理をあらためて紹介すると、

「人は誰もが自分のことが一番大切であり、自分に一番興味がある生き物である」

「本来、誰もが自分のことを認めてほしいし、自分のことをわかってほしいと熱望している」

「人は自分のことをわかってくれる人のことを好きになる」

というものです。

つまり、人はみな、自分の話に共感してくれる人を求めていると言い換えることができます。

人は誰もが自分の話を聞いてほしいという欲求を生まれながらに持っているということは、端的に言うと、「聞く人」は、この日本に住む1億2500万人の人から求められる存在になるということです。

それだけ聞く人の存在には希少価値があり、今、その価値はさらに大きく上がっているのです。

100%
好かれる
聞き方のコツ
03

人は本来、話したい生き物であると覚えておく

「聞く人」になれば、うまくいく

人はみんな話したい生き物

認めて
ほしいーー !!
わかって
ほしいーー !!
僕の話を
聞いてーー !!

多くの人が「聞く人」を求めている

へー♪
いいですね！
それでそれで？

人は「話を聞いてくれる人」を好きになる

04

多くの人が持っている、コミュニケーションに対する思い込み

コミュニケーションに難しいテクニックはいらない

「私はもともと口下手で、もっと人と上手に話せるようになりたいのですが、どうしたらいいでしょうか？」

最近、こうした相談をよくいただくようになりました。

たしかに流暢に話ができる人は、多くの人にとって魅力的に映るのかもしれません。

しかし、ことコミュニケーションにおいては、そうした話し方はすべてがプラスに働くとは限りません。

むしろ、流暢に話しすぎてしまうと、周りの人を気後れさせてしまったり、「この人は口がうまいな」とマイナスイメージを持たれてしまうおそれもあります。

もちろん人前でテンポよく話をする方法はありますが、この本はあくまでコミュニケーションに絞ってお伝えしている本なので、言い切ります。

人といいコミュニケーションを取るために、そうした流暢な話し方は必要ありません。

コミュニケーションの中で相手が求めているのは、難しいテクニックを使った話し方より、むしろ自分自身の居心地のよさなのです。

コミュニケーションの主導権は話す側ではない

もう1つ、多くの人が間違っている思い込みがあります。それは
「話す人が会話の主導権を握っている」
というものです。

本当の意味でコミュニケーションが上手な人は、一方的に自分の論理で人を巻き込んでいくようなことは決してしません。

それは、「どんな人も本来は話したい生き物である」という人間心理をよく理解しているからです。

つまり、**本当に会話の主導権を握っているのは、話す側ではなく、話させる側である**、ということをよく知っているのです。

聞く力はあの人から学べ

私はふだん、あまりテレビを見るほうではありませんが、時間があれば勉強のために、必ずその人の番組を見ると決めている人がいます。

それは明石家さんまさんです。

さんまさんの司会者としての力は卓越したものがある、と思っているからです。

さんまさんは芸人ですから、当然トークも抜群です。

しかし、『踊る！さんま御殿!!』などをじっと観察していただけるとわかると思いますが、実はさんまさんはほとんど話していません。

たとえ話したとしても、次に話を振るゲストが話しやすいようにするために自分の話をするだけです。

基本的なスタンスとしては、

「ほー」

「へー」

「はー」

とわざとオーバーにリアクションをしながら、さんま棒でテーブルを叩いて笑っているだけです。

しかし、その会話のコミュニケーションのすべてを握っているのは、さんまさん自身なのです。

もちろん、さんまさんは日本でトップレベルの芸人であり、司会者ではありますが、そういった視点から見ると一般の私たちでも、コミュニケーションにおいて学べることはたくさんあります。
今度番組を見ることがある時は、ぜひ意識してみてください。

100%
好かれる
聞き方のコツ

04

会話の主導権を握っているのは聞いている側である

05

「聞く力」を磨くと、いいことがいっぱい

1 語彙力が少なくてすむ

話すためには膨大な数の語彙力が必要となりますし、語彙力を増やすためには大きな努力と継続が求められます。

しかし、聞く側になると、語彙力の必要性は大きく下がります。

「へー」「はー」「そうなんですか」「なるほど」「勉強になります」……。

こういった言葉を繰り返しながら相手の話題を引き出していくということになりますが、聞く時の単語はどれだけリストアップしても、100個もあれば十分です。

何万もの語彙力を必要とする話す作業。

100個前後の語彙力を、会話に合わせてうまく使いこなしていくという聞く作業。

どちらが簡単にできるかは考えればすぐにわかります。

聞く作業には話すよりも、はるかに語彙力が求められないのです。

2 聞くことは読書と同じ

「読書をする人はうまくいく」

これはいつの時代も言われ続けてきたことです。

普通に考えればこれは真理です。

当たり前ですよね。

自分の中にインプットの量が増えるのですから。

しかし現代はいろんなメディアが発達し、世の中が複雑になっているため、なかなか本を読むという機会が減ってしまうのも仕方のないこと。

ところが目線を変えれば、人の話を聞くということは、目と耳という情報経路が違うだけで、知恵や知識、情報というものを自分にインプットするという意味では読書とほとんど同じと言えます。

人の話を聞くということは、コンテンツを耳から入れている状態とも言えるのです。

3

人の感情が読めるようになる

日本には「行間を読む」という、文章と文章の間から、著者の意図を汲み取ろうという、世界に比類のない文化があります。

人の話をよく聞くということは、言い換えれば、その言葉の奥にある感情、つまり行間を読む訓練になると言えます。

人は誰もが、言葉の表層部分だけでは表現できない感情を秘めています。

人の話をよく聞くということは、イコール人の感情をしっかりと読み取るということにつながるのです。

4 相手を不快にさせるリスクが減る

人を話だけで納得させるというのは、とても難しいことです。

相手のことを理解する前に一方的に話を進めるということは、ともすれば相手にとって触れてほしくない部分を刺激してしまうおそれもあります。

自分にとっては良かれと思ったこと、自分は大して気にしない部分でも、相手を不快にしてしまうということもあります。

たくさん話すということは、言い換えればそのリスクは高くなっていくということになります。

これに対して人の話を聞くということは、相手がどんな人で、どんなことを考え、どんな感情を持っているのかという情報を収集するということになります。

聞くことにより、相手が何を求めているのかをまず知ることで、相手の興味のある話題を展開することが可能になります。

5 聞くことで自分の盲点が見えてくる

人はいろんな考え方を持っています。

自分以外のすべての人が、当然、自分にない経験をしています。

もちろんですが、自分の知らないこともたくさん知っています。

人の話をよく聞くということは、自分の知らないことを知ることができたり、自分の盲点となっている部分に気づかせてくれるということも多々あります。

「自分は何でも知っている」という姿勢は自分の成長を止めてしまうことになります。

そうではなく「周りの人から学ぼう」という姿勢を持って話を聞くことです。

そうすることで、自分が体験していないことであったとしても、その時の体験、感情、知恵を擬似体験することができ、あなた自身の人生の幅が広がっていきます。

6 沈黙をおそれなくてすむ

「人と話をしている時に、話が途切れると、どうしても焦ってしまう」という言葉をよく耳にします。

どうやら日本人は会話での沈黙をおそれる感情を持っているようです。

しかし、これは聞く側に回ることでそのおそれを減らすことができます。

想像してみてください。

あなたが人と話していて、相手が主に話す側、あなたが聞く側だったとします。

話を聞いていて、突然相手が黙ったとします。


「えっとね、こんなことがあってね」

「へー、そうなんだ。よかったね」

「うん、そうなんだよ、それでね……、えっと、あれ、なんだっけ……？」

「……ん？　ゆっくりで大丈夫だよ。その時どんな気分だったの？」

「……、あ、そうそう。それでね」


こんなやりとりの場合でも、聞く側に回っていれば、沈黙の間を焦ることもありません。

あなたは次の会話を笑顔で待っていればいいだけ。

次に会話を提供するのは相手のほうです。

そうです。

沈黙のプレッシャーがかかるのは、主に話す側なのです。

話すことに比べて、聞くほうが会話が途切れた時でも有利なのです。

7 勝手に人の評価が上がる

想像してみてください。

今、あなたはホテルのラウンジにいます。

会話こそは聞こえませんが、あなたの一番見えるところに2人の男性が座っています。

片方は身振り手振りを交えながら、何やら一生懸命相手を説得しているように見えます。

そしてもう1人は、きれいな姿勢で座り、ゆっくりとうなずきながら相手の話を聞いています。

さあ、あなたはどちらの人に大物感を感じるでしょうか？

この問いに対して「前者！」と答える方はおそらく少ないと思います。

大物感は今風に言うとカリスマ性と言い換えてもいいかもしれません。

本能的に、人はゆっくり、どっしりとしたものに異敬の念、つまりカリスマ性を感じるようになっています。

ですから早口でまくしたてるように話す人よりも、しっかりと相手の話を受け入れながら聞く人のほうに魅力を感じるのです。

いかがでしょうか？

労力を使って一生懸命話しても、軽く見られてしまう側。

ほとんど労力を使わずに、評価が高まる側。
不思議なもので、話を聞ける人は、それだけで器が大きくゆとりを持った印象を相手に与えることになるのです。

100%
好かれる
聞き方のコツ

05

聞く側に回ったほうが、人生のあらゆる面で有利になる

聞く人の7つのメリット

①語彙力が少なくてOK

今日こんなことがあったのよ
へー！

②インプットが増える

実はこんな話があるんですが
ほー！

③感情が読めるようになる

僕のことをわかってくれてる
全然、平気だよ
本当は大変そうだな
本当は大変だったよね

④相手を不快にさせるリスクが減る

出会いがなくて
この話題は避けておこう
そうなんですね……

⑤人生の幅が広がる

勉強になるなぁ

⑥沈黙をおそれなくてすむ

えっと……
ゆっくりで大丈夫だよ

⑦人の評価が上がる

そうなんですね♪

大物感

器の大きさ

余裕感

06

話し方より「聞き方」を磨くほうが簡単

お互いが緊張している日本人の初対面

「初対面だと緊張しちゃって、何を話せばいいのかよくわからないんです」

会話の悩みにおいて、一番と言っていいくらい聞くのがこの言葉です。

初対面というのは、当然相手のことをよく知りません。

ですから相手がどんな性格で、どんな会話をすればいいのか気後れしてしまう、これは世界中で見ても、特にシャイな日本人が持ってしまう象徴的な特徴と言っていいでしょう。

どんな場所でも、すれ違う人に「ハーイ」と声をかけたり、微笑んだりすることが日常的な習慣の欧米人に比べ、日本人は特に初対面を含むコミュニケーションが苦手分野に挙げられます。

「フランクにコミュニケーションを取るために、欧米のコミュニケーション術を学ぶべきだ」という理論もあります。

しかし私は、それが現実的な解決策とは思えません。国民性に合っているような気がしないのです。

苦手なピッチャーより、いい音を鳴らすキャッチャーになろう

さて、ではどうすればいいのでしょうか？

私が提案したい解決策、それは、

聞く力、周りの人に質問をして会話を広げる力を伸ばすことに特化する

ということです。

例えば、数人で会食をしている場所で考えてみましょう。

コミュニケーションは、野球に例えるとてもわかりやすいので、野球を使って説明します。

人が集まると、その中に1人や2人は自分の話をするのが得意な人がいるものです。

こういうタイプの人は、ポジションでいうと、まさにピッチャーです。

その人がボールを投げることによって、まずは会話が始まります。

この時、ピッチャーに一番必要な存在がいます。

おわかりですよね。キャッチャーです。

名キャッチャーと呼ばれる人は、ただボールを受けるだけでなく、「スパーン」とわざと音を鳴らしてボールを受ける技術に長けています。

ピッチャーのテンションを高めるために、わざと音をオーバーに鳴らすのです。そして「ナイスボール！」と声をかけながらボールを返すことによって、さらにピッチャーの気持ちを高揚させるのです。

そしてキャッチャーというのは、ピッチャーが投げたボールをファースト、セカンド、サードに投げる選択権、そしてホームベースで最終的な締めの部分を司《つかさど》る権利を持っています。

受けたボールを、その場を拠点として扇《おうぎ》のように広げていくということを考えると、野球におけるキャッチャーのポジションは、まさに会話においては聞き役であると言えます。

日本人が本来一番得意なことを利用する

自分からアウトプットしていくのが苦手なら、無理してピッチャーになる必要はありません。

それより、

「飛んできたボール（話す人の言葉）に対して、いかにいい音を鳴らして受け取るか、そのボールをいかに他の塁に投げてゲーム（会話）を広げていくのか」

その技術を磨くことに集中すればいいのです。

いい発信者には、必ずと言っていいほど、いい受信者がいます。

逆を言えば、いい受信者がいるからこそ、発信者は安心して自分の話したいことを話すことができるのです。

古くから日本人には、自分の思いを一方的に発信する人は、単なるおしゃべりで底の浅い人と捉えられる文化がありました。

逆に言えば、人の話をしっかりと聞き、静かに受け止めることができる人を徳の高い人と捉える文化がありました。

その特性を一概に否定し、欧米風の「自分の思いを発信できる人がすごい人である」という思い込みにしばられるのをやめて、「話をしっかりと受け止めることができる人に価値がある」という日本人本来の得意な部分を見直していきましょう。

柔道や茶道、合気道……。

日本には「道」がつく学びごとが数多くあります。

そしてこのほとんどの「道」の始まりは、まず「受け身」から始まる、という特性を持っています。

自分から発信するのではなく、まず相手の発信を受信することからすべてが始まります。

そういう面から考えても、日本人の「会話道」は聞き方から始まるのです。

100%
好かれる
聞き方のコツ

06

無理に話す力を磨くのではなく、日本人の得意な聞く力を伸ばす

会話を広げる力を伸ばそう

いい音を鳴らすキャッチャー（聞き手）は好かれる

07

聞き方で、多くの人が「損をしている」

あの、もう少しリアクションもらえますか？

「この人との話って広がらないな」

「この人、本当にちゃんと聞いてくれてるのかな」

「なんか、この人との会話って気を使って疲れる」

ふだん会話のやり取りの中でそう感じてしまう人っていませんか？


私は仕事の中でこの悩みにぶつかったことがありました。

それは講演というお仕事の場でした。

しかも講演という仕事は、私1人対、多い時は1万人を超える場合もありますので、そのプレッシャーはとてつもないものでした。

講演しながら、それまで会話で向き合ってきた人たちを思い浮かべながら、「今まで、私の話をちゃんと聞いてきてくれてありがとう」と心の中で、お礼を言いながら話したことは一度や二度ではありません。

数を重ねやっと楽になってきましたが、今でも、ほとんどと言っていいくらい、聞く側の人たちの顔が「あの、面白くないですか?」と聞きたくなるくらい真顔なのです。

ひどい時は全員まとめて腕組みのノーリアクション。そして、無表情なのです。

講演の熟練の先輩に「聞いている人をかぼちゃと思って話せばいい」とアドバイスをいただいたこともありますが、かぼちゃと思うと、人間よりさらに動きがないので、まったくうまくいきませんでした。

感情表現が苦手な人々

講演会というお仕事は、その後に懇親会がセットでついてくる場合もあります。適度にお酒も入ってくると、講演の時には無反応、無表情だった方が、お酒を持って私の前に来て話が始まることがあります。

「永松さん」

「……はい」

「あの……」

「……あ、今日は聞いてくださって、ありがとうございました」

「……」の沈黙の間、私はドキドキしながら一応お礼を言います。

すると、そこからいっときの間を置いて

「とても心に刺さるいい話でした！　感動しました！」

……あの、感動してくれてるなら、もうちょっとそれっぽく聞いてもらってもいいですか？

心の底からそう言いたい気分になります。しかし、その感想をお聞きすると、とても細かいところまで実は聞いてくれていたりするのです。

こういうことがあるたび、「日本人って本当に自己表現の苦手な国民性なんだな」と思ってしまいます。

そしてこの聞き方が原因で、仕事、プライベート、友人関係、すべてにおいて損をしてしまっている人がたくさんいるのです。

100％
好かれる
聞き方のコツ

07

人の話を聞く時は、自分の感情を表現しながら聞く

08

なぜ会議は面白くないのか？

人が会議を嫌がる3つの原因

質問します。

あなたは自分の会社の会議が好きですか？

この問いに「はい、明日が会議だと思うとワクワクして眠れません」という方はとても幸せな人でしょう。

しかし、現実はほとんどの人にとっては「会議イコールめんどくさいもの」という認識なのではないでしょうか。

「早く終わらないかな」「いかに会議を短く効率的にすませることができるか」と

いう要望の切実さは、世の中にある会議本の多さが証明しています。
では一般的な会議はなぜ面白くないのでしょうか？
私はこれには大きく分けて3つの原因があると思っています。

1つめが会議参加者の表情が作り出す空気
2つめが「正解以外は全部ダメ」という聞く側のプレッシャー
そして3つめが「絶対に正解を言わないといけない」という思い込み

です。この3つを考えていきましょう。

聞く時は真剣な顔をしなければという思い込み

日本の組織には不思議な特性があります。それは
「会議は真面目な顔をして、真剣にやらなければいけない」

という暗黙のルールです。笑顔でたくさんの人がうなずきながら発表者をねぎらう会議のシーンなど、何か前向きなことが決まった時をのぞいて、テレビでもほとんど見たことがないでしょう。

しかし一変して、会社の飲み会などでは酔っ払った人が上司に本音を言うシーンは日常的に見られます。

そもそも本音を言わなければ会議の意味はありません。

しかし、それを許さない不思議な空気があります。

よくよく考えると、これはどう見ても非合理なカラクリです。

会議の時はみんなが言いたいことを言い、飲み会は楽しくするほうがよっぽど生産性が高くなります。

いい意見が出ない3つの理由

さて、自分ごととして考えてみてください。

あなたが発言者の立場だったら、難しい顔をしながら聞いている人と、笑顔で心をひらいて聞いてくれる人、どちらのほうが自分の思っていることを言いやすいでしょうか？

会議になると、多くの人が眉間にシワを寄せて口を一文字にして腕組みをしながら話を聞いています。

そして社長やリーダーが「いい意見を出せ！」とプレッシャーを与えるのです。

いい意見が出ない1つめの理由、それは

「聞く側の難しい顔」

です。

2つめ。聞く立場の人の「正解じゃないと認めないよ」という空気。

これを

「ジャッジ癖」

と呼びます。

そして3つめ。これはリード側ではなく、参加者側の心理ハードルです。

私たちは幼い頃からテストや学校の解答でも正解を求めることを要求されてきました。発言するということに対する評価より、正解を出してマルをもらう習慣がついてしまっているのです。

私はこれを

「ピンポン病」

と呼んでいます。

発言するほうは正解を言わなければいけない、そして聞くほうは正解以外は聞かない、そしておまけに初めから難しい顔。この3点セットの状況で「いい意見を出せ」というほうが無理があります。

こうした空気の中でのプレッシャーのせいで、会議に苦手意識を持つようになるのです。

どんな人でも、一発でホームランを打つことは限りなく不可能です。

何度も打席に立ち、バットを振ることで、だんだんヒットの確率が増えていくのです。

しかし初めて打席に立った人に「ヒットじゃないと許さないよ」というジャッジの壁が立ちはだかってしまったら、それは誰も打席に立とう（発言しよう）という気にはなりません。

「そこを乗り越えてこそ人は強くなるんだ。最近の若者はなっとらん！」

という理論は今は昔、高度成長期の昭和の会議の産物です。

あなたの会話空間は「肯定」と「否定」、どっちベース？

ここではわかりやすく会議をテーマにしましたが、話の聞き方という点で考えると、この

「難しい顔」

「ジャッジ癖」

「ピンポン病」

この3つはプライベートでも如実に現れてしまいます。

例えば親子の会話、先輩後輩の飲み会、コミュニティのミーティング、どちらかというと、立場の上下がはっきりと出てしまうケースでよく問題になります。

当たり前ですが、否定のない肯定空間だと関係性はよくなり、否定空間だと弱い立場のほうが萎縮《いしゅく》し、強い立場のほうが結果的にマウンティングしてしまうという図式になってしまうのです。

そして残念ながら、この図式は今の世の中の至るところで根強く残っています。

100%
好かれる
聞き方のコツ
08

「難しい顔」「ジャッジ癖」「ピンポン病」の3つに気をつける

話し手が萎縮する3つの理由

①難しい顔

②ジャッジ癖

③ピンポン病

**いい意見を出すためには、
否定のない全肯定空間を作ろう**

09

聞く人になれば、自分も周りもうまくいく

間違いだらけの聞き方をしていた私

腕を組んでジャッジしながら正解しか認めない。

ここまで偉そうなことを書いてきましたが、何を隠そう、実はこれは以前の私自身のことです。

今から約20年前、3坪のたこ焼き屋の行商から商売を始めた2年後、28歳の時、私はふるさとの大分県中津市に「陽《ひ》なた家《や》」という1、2階150席のダイニングレストランを作りました。

たこ焼きしか焼いたことのない20代の人間にとって、それは手探りの無謀な挑戦でした。

スタッフの数は、7人から約3倍近くの20人に増えました。

もともとテイクアウトのシステムで、作って売るだけだった業態から、お客様と向き合い、商品をおすすめするホールサービス業へ。

毎日が試行錯誤の連続でした。

私は書店に行き、飲食店のノウハウ書を片っ端から読んだのですが、その中に必ずと言っていいほど入っていたのが

「スタッフたちのコミュニケーション能力の必要性」

でした。

この商品はどんな特徴を持っているのか、どういうタイミングでおすすめするのか、私は見よう見まねでお客様との会話のマニュアルを作り、スタッフたちにこれ

を丸暗記させるというミッションを課しました。

うちのスタッフたちは中卒、高校中退、ニート、会社をクビになったメンバーばかり。文字というものに、もともと馴染みがありません。

しかしそんなことを言い訳にしていたら、店は致命傷です。

社員たちを集めて時間のある時に暗記させたものを、私がお客様役をしながらテストをするというワークを繰り返していました。

まずは基本からと思い、スタッフたちにはアドリブを禁止し、書かれたものを一言一句間違えずに感情を込めて伝えるように、しかし私はアドリブで返すというめちゃくちゃな訓練を始めました。

しかも設定はあえて気難しいお客様という設定。

その理由も「一番難しい人を突破できれば、あとは簡単だから」というものでした。

1日でコミュニケーションが嫌になるトレーニング

「いらっしゃいませ、お客様。当店のおすすめはこの商品で、〇〇という食材を使った自慢のメニューとなっております」

「いやいや、おすすめとか自慢とかはどうでもいいから。そもそも何で美味しいって言い切れるの？」

「え、いや、あの……」

「お客様、グラスが空きとなっていますが、おかわりいかがでしょうか？」

「いや、ほっといてくれるかな？　話してるから」

「あ、すみません、失礼しました」

「そこ、お客様、申し訳ありません。失礼いたしました。いつでもお申しつけくださいませ、でしょ。そんなんで、お客様といいコミュニケーションが取れると思ってるの？」


そしてこのワークの後に反省会。

「自分の何が悪かったのか？」

「どうすれば、もっとよくなるのか？」

を発表させるのです。

私は腕組みをしながら

「なぜできないの？」

「明日までにどこまで進めるの？」

「もっといい意見出ないの？」

「そもそもミーティングなのに何で発言しないの？」

とスタッフたちを責めてばかりでした。

書いていて当時のスタッフたちに「ほんとにごめん」と謝りたくなるような意地悪い役。

スタッフたちは自信を失っていき、私のイライラは募《つの》るばかり。

ワーク中の店の中は、ふだん明るいスタッフたちでもどんよりムードに。

みるみるうちに全体が元気をなくしていき、完全にマイナスのスパイラルでした。

聞く力の威力を知ったおそろしい実験

「どうすればいいんだ？」

先の見えない訓練に疑問を感じていたある日、たまたまテレビで1つの実験番組を目にしました。

それは「この時の衝撃と学びがベースで本書が生まれた」と言っていいくらい、私にとってはコミュニケーションの概念をひっくり返すようなものでした。

さすがにタイトルまでは覚えていないのですが、おぼろげな記憶ではたしか「コミュニケーション特集」的なものだったと思います。

イメージしながら読んでください。

その実験には6人の男性と3人の女性が登場します。

男性を2チームに分け、布がかかって足元が見えないテーブルに女性と男性が向き合って3対3で座ります。

最初の3人は「僕は女性と話すのが苦手です」チーム。

言い方を選ばずに言えば、「見るからにモテなさそうだな」というメンツ。

そして2組目は「僕は女性と話すのが得意です」チーム。

こちらは見るからにスタイリッシュ、イケメンで、いかにも「僕、モテてます」

と自他ともに納得のいくメンツでした。

布で隠された女性の足元にはペダルがつき、男性の話が面白かったら踏むというルール。

これを踏むと画面上に「ピコ」とポイントが貯まっていきます。

この「ピコ」は視聴者には見えますが、話している当人たちには見えない設定です。

制限時間は5分。

まずは苦手チームからチャレンジが始まりました。

「もうやめてあげて。5分は長すぎる」とテレビに言いたくなるくらい、スタートから悲惨でした。

男性たちは緊張でガチガチ。

話を聞いている女性たちの顔が「あなた大丈夫？」と心配しているような光景でした。

結果。3人のトータルで5ピコ。完全に敗北です。

さて、そしてここで意気揚々に登場した得意チーム。このチームはゲームの始まる前、座った時から女性に声をかけ、いきなりほめたり笑わせたりしながら会話をリードしていきました。

チャレンジが始まってからも、女性たちは軽々な会話の中で笑い続け、ペダルを踏み続けていきました。

結果。85ピコ。さすがです。

「そうか。やはりトークは大切なんだな」と思って感心していましたが、実はそうではありませんでした。この実験のおそろしさはここから始まります。

実験は2回戦へ。

先ほど大敗北した、苦手チームがふたたび座りました。

2回目のチャレンジを始める前に、番組のディレクターが女性たちを集め、何やら打ち合わせをしました。すると結果が大きく変わったのです。

最初のチームのピコ数がどんどん上がり、結果約30ピコ。最初の5ピコからすると大健闘です。

そして先ほど85ピコを取った得意チームの結果は、なんと15ピコまで下がってしまいました。85ピコから15ピコへ。大敗北です。


さて、ディレクターは女性たちに何を指示したのでしょうか？

答えは簡単なことでした。先攻の苦手チームに対しては、

「とにかく笑顔でオーバーリアクションで面白そうに聞く」


というミッションを。

そして後攻の得意チームには

「どんなに相手が一生懸命に話しても、真顔でうなずかずに話を聞くこと」

というミッションを、女性たちに与えたのです。

するとどうでしょう。

苦手チームのメンバーたちが、女性のリアクションに引っ張られ、だんだんテンションが上がっていき身振り手振りが増え、ピコはどんどん増えていきました。

後攻の得意チームは、真顔のノーリアクションの女性たちの反応に話が空回りし、表情は硬くなり、中には額に汗をかき、それを拭いながら一生懸命話しているという、そこに映ったのは、それまでの自信を打ち砕かれた、かわいそうなイケメン君たちの姿でした。

この番組は

「会話において、いかに聞く側のリアクションが話す側に影響を及ぼしているのか」

ということを証明したのでした。

「よくこんなかわいそうな実験を思いついたな」と番組の構成者たちにある種の尊敬の念を抱きながらも「この実験、間違っても出たくないな」と思わせるものでした。それと同時に私にはある改善点が思いつきました。

安心感あふれる空間を作ろう

「昨日までのコミュニケーションワークはやめることにする。陽なた家はとにかくお客様が話しかけたくなるような『聞き方』で勝負する！」

「？？？」

「また、しげにぃ（私はスタッフたちからこう呼ばれています）が不思議なことを言い出した……」

口には出さないものの、スタッフたちの顔にそう書いてありました。

こんな時、お約束のようにスタッフを代表して発言する私の実の弟であり、ムードメーカーの幸士《こうじ》が私に聞いてきました。

「しげにぃ、それってとにかくお客様の話を笑顔で聞けばいいってこと？」

「うん、そうだな」

「んじゃ、おすすめを聞かれたら『これ、めっちゃおいしいですよ！』とかひと言でもいいの？」

「そう。とにかく余計なことを言わずに満面の笑顔とうなずきだけでいい。けどそこだけはどこの店よりも負けないようにしてくれ」

「うあー、それならできる！　みんなやろうぜ！」

「おー！！」

こんな感じで大盛り上がりになってしまいました。

浮かない顔をしていたスタッフたちも笑顔を取り戻し、「俺お客様役ね」「んじゃ私がスタッフ役します」

こんな感じであちこちで勝手にワークが始まり、店のワークは演劇の練習場のようになりました。

誰でも話せるようになる会議と朝礼の秘密

「地域で一番お客様が話しかけやすい感じのいい店にする」

このコミュニケーション大作戦は、私たちの店に思わぬ波及効果をもたらしました。

掃除と仕込みを終えた後、ミーティングと朝礼をしてから営業開始というのが私たちの店のルーティンでした。

「聞き方で勝負」というルールを決めたことで、スタッフたちのミッションは、話すことではなく、笑顔でうなずくことにシフトされました。最初のうちは私が話すことを一生懸命聞くというところから始まったのですが、やがてそれぞれの発言が増えていきました。

そのうち誰ともなく「誰かが意見を言ったら、それがどんなものであれ親指を立てて『いいね！』からすべてを始めよう」というルールができあがりました。

ここから10年ほどしてFacebookが登場するのですが、その「いいね！」マークを見た時、うちのスタッフの1人が

「Facebookってひょっとして、うちの『いいね！』をパクったんじゃないか」

と真顔でバカなことを言うくらい、まず肯定からすべてを始める、という文化が浸透していきました。

「話すのが苦手」は実は気のせい

そして、その肯定文化は朝礼のスピーチにも広がっていくことになります。

朝礼では大きな声でスピーチをするのですが、最初のうちは「とにかく言いたいことを1分以内にまとめよう。そうじゃないとみんな話せないから」というルールがありました。

しかしその時間制限を撤廃。

「全員に回らなくてもいいから話したい人がとことん発表しよう」ということになりました。

前向きならどんな話でもよし。

とにかく聞く側のリアクション重視というものに変えました。

極端に言えば、「1＋1は3なんです！」と間違えたことを言っても訂正や難しい顔は禁止。

「そうだ！」「そのとおり！」「さすが！」「新しい！」とみんなで最高の笑顔で拍手を贈るという感じです。

周りから見ると「あの子たちは大声で変なことを言って、一体何をほめ合っているんだ?」という不思議な図式だったと思います。

まるでバックミュージックのない中で拍手と合いの手を入れるカラオケボックス状態でした。


こうして「聞く」ということを徹底的に重視し、ミーティングと朝礼を繰り返していくうちに、スタッフたちのスピーチスキルはどんどん上がっていき、彼らの自信とともに、お客様もどんどん増えていきました。

「自分は話すのが苦手」、彼らのセルフイメージは事実ではなく、思い込みだったのです。

彼らは「話せない」のではなく、「話せる環境にいなかっただけ」だったのです。


どんなに間違ったとしても、温かく周りが聞いてくれる、という確固たる安心感を持つと、どんな人でも話せるようになる。

私は彼らからそのことを学びました。
ふと目にしたテレビで見たあの実験は、お店だけでなく、私自身のコミュニケーションの価値観を大転換させるターニングポイントだったのです。

100%
好かれる
聞き方のコツ

09

否定のない空間を作ることで、人は誰でも話せるようになる

安心感あふれる空間の作り方

①笑顔とうなずきで話を聞く

推しが本当に
カッコいいん
ですよ～
うんうん
それでそれで？

②「いいね！」からすべてを始める

先日、
久しぶりに
映画を観に
行ったんですよ
いいね！
何を観たの？

③訂正や難しい顔は禁止

1+1 は 3
なんです！
いやいや、
2 でしょ
訂正
何を言っている
んだ、この人は
難しい顔

聞き方1つで、周りがイキイキ話し出す

第2章

人に好かれる人の聞き方

10

この聞き方こそ、好かれる人になる一番の近道

安心の玄関、開けていますか？

「人は安心感をくれる人を好きになる」

これがこの本で伝えたい最も大きなテーマです。
人は安心することで相手に心をひらきます。
安心することで自分の居場所を見つけ出し「私はここにいていいんだ」と思えるようになります。

安心することで体がリラックスし、脳が活性化し、本来持っている自分自身の力を発揮できるようになります。

だからこそ、人に安心感を与える人になるということが、人に好かれ、あなたの人生がひらけていく一番の早道なのです。

この聞き方ができる人を私は

「リアクション美人」


と呼んでいます。

老若男女、見かけの美醜《びしゅう》は一切関係なく、聞く姿が美しい人のことです。

しかし残念ながら、リアクション美人は今のところ、それほど数が多いとは言えません。

どちらかというと奥ゆかしい日本人の文化性、国民性からか、無意識に、多くの人が相手を警戒し、遠慮し、かつジャッジしてしまうことで、コミュニケーションの質を下げてしまい、結果的に自信を失っていることも事実です。

この章では本格的に

「どうすれば、聞く力を身につけることができるのか？」

つまり、リアクション美人になるための具体的なスキルを紹介していきましょう。

うなずきの意味

どんなに話が苦手な人でも簡単にでき、相手への共感を伝える一番のボディーアクションがあります。

まず私が第一に挙げたいのは「うなずき」です。

このうなずきは一番多く使われるのが「頷き」という漢字なのですが、二番目に変換で紹介されている漢字をご存知でしょうか？

それは

「肯き」

です。

この漢字が一番多く使われる言葉を、おそらくあなたも一度や二度は耳にしたことがあると思います。

もうおわかりですよね。

「肯定」

です。

「うなずく」ということはつまり、

「私はあなたを肯定しています」

という場合においても使われるのです。
肯きを定める。肯き続ける、いつも肯くという意味になります。

100%
好かれる
聞き方のコツ

10

うなずきは、相手を肯定するための一番のアクションである

好かれる人になる最強スキル

会話上手は
リアクション上手。
積極的にうなずこう
私はあなたを
肯定しています
話しやす
いなぁ
心の扉
私は
ここにいて
いいんだ
心の扉
安心の玄関
安心する
なぁ
心の扉

うなずき＝肯き。相手を全肯定しよう

11

口下手でも話し上手を超えることはできる

口下手＝会話下手ではない

なぜ、いつもあの人は人を惹きつけるんだろう？

なぜ、あの人といると心地いいんだろう？

なぜ、あの人はあんなにコミュニケーションが上手なんだろう？

あなたの周りでこの3つの疑問を満たしている人はいませんか？

こういう人は話し方を磨くために、毎日10分壁に向かってスピーチの訓練をしているとか、そういった特別なことはおそらくやっていません。

本来誰にでもできるはずのことなのに、ほとんどの人がやっていないことを、相手に合わせ、的確に使っているだけなのです。

もちろんうまく話ができるほうが、自分の思いを相手にスムーズに伝えるという意味では便利かもしれません。

だからこそ、多くの人が話し方を自分の課題として学び「自分は口下手だから」とコミュニケーションに対しての苦手意識を持ってしまっています。

しかし人は、本来自分の話を聞いてほしい生き物です。

ということは、**相手の話す時間を削って自分の話をする人よりも、相手が話しやすいように配慮する人、つまり聞く力を持っている人のほうが、相手の願いに沿っているため、結果的に人から好かれる**ということになります。

まずは相手の話をうなずいて聞くこと。

これはとても大切な要素なのですが、実はこのうなずきの力をもっと高めるために、いろんなアクションを交えながら相手の話を引き出す方法があります。

リアクション美人がワンセットでやっている5つのアクション

あなたが話で相手の心をひらくことに苦心するのではなく、相手が自然と話し始め、そしてあなたのことを勝手に好きになる最高の聞き方をここからご紹介していきます。

リアクション美人たちが自然とやっている相手から愛される5つの聞き方、これを私は

「魔法の傾聴」

と呼んでいます。

「傾聴」とは、耳を傾けて相手の話を熱心に聞くという意味の言葉です。

「目」「耳」「体全体」「心」あなたが持ちうる多くの感覚を使って相手の話を聞く

魔法の傾聴。

はじめは多少「難しいな」と思うことがあるかもしれませんが、慣れれば本当に簡単で、かつ相手に与える印象が最高に高まる方法なので、ぜひ身につけていただければと思います。

100％
好かれる
聞き方のコツ
11

魔法の傾聴をマスターすればあなたは無敵になる

12

魔法の傾聴① 表情

まずは「笑顔の先出し」を意識する

「世界の共通語、それは英語ではなく笑顔だ」

私は仕事も含め、趣味の1つとしてコピーライティングをやっています。

いい言葉に出会うと、まるで絵画好きな人がいい絵に出会った時と同じくらい感動します。

これはとあるCMで目にした、私のとても好きなコピーの1つですが、本当にその通りだと思います。

笑顔こそ、世界中どんな人でも安心感を与え、心をひらき、そして気持ちを通じ合わせることができる最高のコミュニケーションスキルです。

リアクション美人が使っている「魔法の傾聴」、表情で代表的に挙げられるもの。それは笑顔です。

初対面では、まず先に笑顔を出すことを常に心がけましょう。

「笑顔の先出し」をすることで、あなたは会話での心理的主導権を手にすることになります。

相手の表情に合わせて話を聞く

さて、表情で次に覚えておくべきこと、それは「**相手の感情に表情を合わせる**」ということです。

話し方で相手の速度に合わせて話をすることをペーシングと言いますが、上手な人は表情でペーシングをします。

まずは笑顔で相手が安心したとはいえど、その後の内容は悲しいことであったり、考えさせられることであったり、いろいろです。

相手がつらい時に「いつでも笑顔」とニコニコしながら話を聞いてしまうと、「この人は私の気持ちをわかってくれていないな」と感じられてしまうおそれがあります。

表情をペーシングするということはつまり、「私はあなたの気持ちがよくわかります」と表現しているということなのです。

相手の話の内容に合わせた表情を意識していきましょう。

目は口以上にモノを言う

さて、表情の3つめ。それは「目」です。笑顔で口角を上げることも大切ですが、人は無意識にその人の目にフォーカスを合わせます。

目の使い方、これは眉間に意識を集中させるとうまくいきます。

これを読みながら一緒にやってみてください。

しっかりと相手の話を聞く時は、眉間に力を入れると自然と表情が引き締まります。逆に笑顔を作る時は、眉間を大きく開くことを意識してみましょう。

相手の話に驚いた時は眉間を眉毛ごと大きく額の上に近づける意識をすると、目がハッと開きます。

この目の使い方は、思いのほか相手にとっては伝わりにくいので、少々オーバーアクションで意識してみると、あなたの表情にいろんなバリエーションが増えていきます。

100%
好かれる
聞き方のコツ

12

会話をしている時の自分の表情を豊かにする

13

魔法の傾聴② うなずき

うなずきに強弱をつける

先ほど、相手に安心感を与える一番のアクションで、うなずきを挙げました。

しかし私たちは幼い頃からの教育で、うなずいて人の話を聞くということをあまり重要視されてきていません。

ですから「話を聞く＝黙ってノーリアクションで聞く」ということが標準となっています。

しかし、会話の中でうなずいて話を聞いてくれる人がどれだけ安心感をくれたかを思い出すと、その威力は誰もが実感するはずです。

このうなずきについて説明しましょう。

実はうなずきもしっかりと感情を表現することができます。

それはうなずきの深さです。

このレベルを変えることで、相手の話を大きくリードできるのです。

弱、中、強、3段階の深さでイメージしてみてください。

弱は首を固定したままアゴだけを軽く下に振るうなずき。

中は頭ごと下に持っていくうなずき。

そして強は首、頭をすべて使って背中まで引っ張られるくらいの深いうなずきです。

ふだんは弱、相手が感情を込めた時は中、そして自分自身も大きく納得した時に強。

一辺倒の深さのうなずきより、この強弱をうまく使い分けることで、相手の話にリズムがついていきます。

うなずきはオーケストラの指揮者の棒のようなモノなのです。

「あごひも理論」で相手の話を引き出す天才になれる

もう1つ、うなずく時に私が使っているイメージ法を紹介します。
これを私は「あごひも理論」と勝手に呼んでいます。

まずは自分のあごにヒモがついているイメージをします。
次に相手の脳を、引き出し付きのタンスとイメージします。
自分のあごのヒモは、相手のタンスの取っ手に結び付けられています。
しかしこのタンスの引き出しは悲しいかな、自動で閉まるように設定されています。
ですから開けては閉まり、閉まってはまた開けるという作業が必要になります。
これをあごで引っ張るイメージです。

さて、いかがでしょうか？

強く引っ張ることで、その引き出しは大きく開いていき、そのタンスの中からたくさんの経験や知恵、言いたいことがポンポン飛び出すイメージをします。

会話をする時にここを意識しておけば、自然とうなずきが習慣になっていきます。

あくまでイメージ的なワークではありますが、参考になれば幸いです。

100%
好かれる
聞き方のコツ
13

タイミングのいいうなずきこそが、相手の深い話を引っ張り出す

14

魔法の傾聴③ 姿勢

どんな体勢で話を聞いていますか？

話を聞く上で、姿勢は相手にとって安心感を与えたり、逆に威圧感や疎外感を与える大きな要素になります。

1章にも書きましたが、難しい表情に加え、腕組みやふんぞり返った聞き方をすると、どうしても相手に不快感を与えたり、相手のパフォーマンスを下げてしまうことになります。

無意識の中で「相手に舐められてはいけない」とか「早く終わらせてくれよ」という心理がある時は、特にこの姿勢になってしまいがちです。

相手との楽しいひとときを送りたい時は、できる限り少しだけでも前傾姿勢を意識すると好印象を与えることができます。

ヘソを向けると会話が弾む

会話でよく見かけるシーンで、カウンターでの会話があります。

大切な人と2人でご飯を食べたり、お酒を飲んだりする時は、お店の営業の都合上、カウンターに案内されることも少なくはないでしょう。

この時に意識するとうまくいくこと。

それは「**相手にヘソを向けて話す意識をする**」ということです。

女性は体勢的に少し難しいかもしれませんが、これは特に男性が覚えておくと親切でしょう。

ヘソはあくまでイメージですが、**相手に体を向けるということは、心をひらいて相手に意識を向けているという心理的ボディーアクションなのです。**

人の話を聞く時はなるべく携帯を置こう

姿勢とは少しずれるかもしれませんが、心を向けるということにおいては大切なことなのでお伝えします。

今、私たちの日常において、スマートフォンは欠かせないものとなりました。この進化により、ビジネスからプライベートまで、ほとんどのことをカバーできるようになりました。

しかしそれゆえに、コミュニケーションにおいてトラブルの原因になることもあります。

相手が楽しく話をしている時に、携帯のバイブがブーとなることで、どうしても気がそれてしまい、結果的には〝ながら聞き〟のようになってしまうおそれもあります。

やはり大切な人との会話を盛り上げていきたい時は、マナーとして携帯はなるべく相手の気にならない場所に置いておいてもいいのではないでしょうか。

100%
好かれる
聞き方のコツ
14

話を聞く姿勢を整えると、心も聞く姿勢になっていく

15

魔法の傾聴④ 笑い

笑わせるより一緒に笑う

「いかにして人を笑わせるか？」これを考える人が増えています。これは今や日本のテレビの文化になったお笑い芸人の影響もあるでしょう。

「面白いことを言わなければ、退屈な人と捉えられてしまう」

「笑わせられることを言わなければ、会話に置いていかれる」

これは特に男性に多い、１つの強迫観念のようなものだと思います。

はっきり言い切ります。

会話において、そんなに笑いを取ることを意識する必要はありません。

むしろ必要なことは、「いかに相手を笑わせるか」ではなく、「いかに相手の話に笑うことができるか」です。

今、人が一番求めているものは何か？

もうおわかりですよね。何度もお伝えしてきた「安心感」です。もちろん世の中には笑わせ上手な人もいます。しかし、長いつき合いの中で、いつも笑わせ合戦のような会話はお互いが疲弊します。

「面白いね」は最大の共感

共感力の高さはこれからの時代、会話において、さらに鍵となるでしょう。

相手に安心感を与えるアクションでうなずきを挙げましたが、**実はそれと同等の安心感を相手に与えるのが「話を聞いて笑う」ということ**なのです。

私たちはお笑い芸人ではありません。

お笑い芸人にとって笑いを取ることは、飲食店で美味しい料理を提供するということと同じですが、私たちは一般人です。

一般人の私たちが発信でお笑いをいただくということは、かなりのスキルと洞察力、そしてネタ集めと訓練が必要になります。

それでも当たるか外れるかがわからないことに時間と労力を使うより、ともに笑うというシンプルなことで相手に共感していくほうがコストパフォーマンスが上がります。

リアクション上手な人はここをよく心得ています。

相手の話に、合いの手を入れるようにうなずきや共感を示し、相手の言った小さなことを何倍にもして笑うことで返す、というスキルに長けています。

100%
好かれる
聞き方のコツ
15

人は自分の話を笑って聞いてくれる人のことを好きになる

16

魔法の傾聴⑤ 感賛（感嘆＋称賛）

聞き方の達人が使っている「拡張話法」

前著『人は話し方が9割』で紹介した話し方で、「拡張話法」というものがあります。

これは自分から話題を作る話し方ではなく、相手が投げかけた話題を広げていくことで会話を展開させていくという手法です。

この拡張話法は5つの項目で構成されています。

1つめが感嘆、2つめが反復、3つめが共感、4つめが称賛、そして最後が質問。

本当はすべて大切なものです。

しかし今回、「魔法の傾聴」として、この中で特に相手の心をひらくものとして、感嘆と称賛をセレクトし、合体しました。

感嘆＋称賛。略して感賛《かんさん》。

なお、この「感賛」は、私がそう思うからということではなく、話し方の実践講座をやっていくなかで、クライアントの意見として一番多く結果が出たキーワードがこの2つです（※ちなみにこの言葉は造語なので、辞書で調べても出てきません。あしからず）。

リアクションは「感賛」で5割決まる

感嘆は相手の話に対する聞く側の驚きの表現です。
例えば「わあ」「へー」「ほー」「おー」「きゃー」など。
私たちがふだん無意識に使っているリアクションワードですね。

そして称賛は相手を称える言葉です。

「すごい」「素敵」「いいね」など。

魔法の傾聴ではこの2つをセットで使っていくようにします。

「最近、会社で役職が上がったんだ」↓「わあ、すごいじゃん！　よかったねー」

「私、最近、犬を飼い始めたの」↓「おー、犬か。いいね！　かわいいよねー」

「今日はこんなレストランに行こう」↓「きゃー嬉しい。私が行きたいって言ってたの、覚えてくれてたんだね、さすが」

こういう感じで「驚き＋ほめ」をひとまとめにして相手に返していくのです。

これは自分の中で「ちょっとオーバーかな」と思うくらいでやってみましょう。

魔法の傾聴で特に大切にしているのが「感賛」です。

この「感賛」に思いを乗せることで、その後の相手のテンションがほとんど決まります。

リアクション美人の会話のスタートは「感賛力」から始まります。

魔法の傾聴を1つにまとめると

表情、うなずき、姿勢、笑い、そして感賛。

この5つが相手が自然と話し、あなたのことを勝手に好きになる話の聞き方、つまり魔法の傾聴です。まとめるとこうなります。

「私ね、思い切って起業しようと思ってるの」と相手が言ったとしましょう。

その時あなたが魔法の傾聴を使うとこうなります。

「体を少し前傾姿勢にし（体勢）、うなずき（うなずき）とともに笑顔を作る（表情）。そして『おー！（感嘆）、いいね（称賛）。すごいじゃん（称賛）！　ははは（笑い）、うん、〇〇ちゃんはやっぱりすごいよ（称賛）。とても勇気のある決断だったね（称賛）。絶対応援するね』」

これだけです。

このセットだけで、相手は「この人に言ってよかった」と間違いなく感じます。

魔法の傾聴を詳しく説明しましたが、1つずつ分解して説明すると、数が多いように感じるかもしれません。

しかし、いざやってみようとなると、逆に分解して1つずつやろうとするほうが難しいのです。

最初はぎこちないかもしれませんが、慣れてくるとセットのほうがやりやすくなり、簡単に習慣化できます。

相手の反応に対していかに驚きと称賛を表現できるかで、相手とのその後の会話が変わると覚えておきましょう。

100%
好かれる
聞き方のコツ
16

上手な「感賛」ができるかどうかで、その後の会話の盛り上がりが変わる

好かれる人が使っている「魔法の傾聴」

①表情

はじめまして
はじめまして

②うなずき

トイプードルって
かわいい
ですよね
かわいい
ですよね～

③姿勢

相談が
あるん
だけど……
今夜は
とことん
聞くよ

④笑い

こんなことが
あったんだ
面白いね！

⑤感賛（感嘆＋称賛）

出世したんだ
わお！
すごいね！
おめでとう♪

17

「魔法の傾聴」はやったもの勝ち

話すより聞くほうが難しいと言う人、簡単と言う人

前回の話し方の本（『人は話し方が9割』）に続き、今回は聞き方の本を書くことになりました。

企画が決まるとリサーチが始まるのですが、ここでいろんな人のリアクションに違いが出ることに気づきました。

この反応を通して、「あ、人って『聞く』ということに対していろんなイメージを持っているんだな」ということを知ることができました。

片方の反応は、「聞き方って大切ですよね。でも奥が深くて難しいですよね」と

いうもの。

そしてもう1つが、「聞くほうが楽だし簡単ですよね。話し方はハードルが高いので嬉しいです」というもの。

そしてこれは興味深い特性を持っていました。

これはあくまで私の聞いた限りの少ないデータではありますが、「難しい」と言う方は圧倒的に男性が多く、「簡単」と言う方は女性が多かったのです。

男性と女性のコミュニケーションの意識の違い

これには1つの原因があるように思えてなりません。

男性は、女性から「ねえ、ちゃんと聞いてるの?」とよく言われることにより、聞くということについて反省を繰り返しているということ。

逆に、男性に比べてコミュニケーションの頻度が多いがゆえに、過去になんらかの失敗経験があり、話し方自体に苦手意識が高いのは女性のほうが多いということ。

私は男性ですが「どちらが簡単か？」という問いに対しては後者の「聞くほうが簡単」の意見に賛同します。聞くということをあまり難しく捉えるのではなく、少ない言葉の組み合わせで相手に共感していく。

この魔法の傾聴はやってみると、

「なんだ、こんなに簡単なことで相手って喜んでくれるのか」

とその威力と簡単さを感じていただけると確信しています。

まだ今の世の中では、多くの人が聞くということに対して難しいというイメージを持っています。ということは、先に行動した人は貴重な人になります。

魔法の傾聴はやったもの勝ちなのです。

100％
好かれる
聞き方のコツ
17

聞くということに対して、あまり難しく考えすぎる必要はない

18

人生は「聞き方」で9割変わる

魔法の傾聴は居眠りから生まれた

魔法の傾聴。

言葉にすると「ランプから精が飛び出すのか？」と思ってしまいそうな、何やらすごそうなイメージですが、実はこのスキルは私のどうしようもない癖から生まれました。

ここまで読んでいただいて「難しそうだな」と真面目に考えたり、「できていないな」と反省している方もいるかもしれないので、この誕生秘話を書きます。

「あ、こんな人間でもできるんだ。それなら自分でもできるわ」

と気軽に読んでいただけたらと思います。

今から25年前、九州から上京し、大学に行かずにフラフラしていた私を、とある出版社の社長が拾ってくれました。

その出版社の名はオフィス2020。代表は緒方知行《おがたともゆき》さんと言います。

出版社の代表でもありながら、ご自身が本の著者であり、執筆と同時にその会社はセミナー事業もやっていました。著者なので、私は「緒方先生」と呼んでいたので、ここでもそう書きます。

22歳、浪人したのでまだ学生だった私は、まずはバイトとして緒方先生のカバン持ちや、会社のセミナー運営の事務局のお手伝いをしていました。

2020のセミナーは、先生の人脈で、とんでもないビッグネームの社長が講演をします。

しかし、当時22歳の世間知らずの私は、その価値がまったくわかっていませんでした。

それに加え、講演では、経営用語やビジネスマンにしかわからない英語の言い回しが飛び交うがゆえに、その話を聞ける価値以前に、話そのものの意味がわかりません。

気がつけば、いつも後ろの事務局の机で居眠りをしていました。

そしてミッションは突然に

当時は茶髪のロン毛が全盛期。私もその影響で真っ茶色のロン毛でした。バイトとはいえど、一応セミナー事務局の一員です。高校生のように思い切りうつ伏せて寝るわけにはいきません。

座ったまま眠気を抑えようとすると首が右に左にカクカク動いてしまいます。真っ黒の髪のビジネスマンたちの中で、後ろの茶髪がカクカク揺れていれば、当然目立ちます。講師の方から緒方先生が嫌味を言われ、会社に帰った後、私は何度も怒られてしまいました。

そんな私に限界が来たのか、ある日、緒方先生からとんでもないミッションを提示されました。

それは**「一番前の中央席に座って話を聞く」**というもの。嫌ならバイト代はなし。もうやるしかありません。ミッションを言い渡される時、緒方先生からいくつかの細かい指示を出されました。


「いいか、茂久。とにかく笑顔でうなずいて話を聞きなさい」

「先生、話がわからなかったらどうしたらいいですか？」

「それでもいい。とにかく笑顔とうなずきをセットで続けるように。いいかい？」

「わかりました。努力します」

「2つめは一生懸命メモを取ること」

「わからない言葉も含めてですか？」

「わからなかったらとりあえずメモをして、あとで自分で調べなさい。大切なのはメモを取る姿勢のほうだから」

「わかりました」

「そして3つめ。講師が少しでも面白いことを言ったら、周りに遠慮せず思い切り笑いなさい。そのリアクションはオーバーなくらいでいい」

「1人で笑ってもいいんですか？」

「君は周りの目は気になるかい？」

「あ、それはあまりないです。3つめだけはすぐにできそうです」


こうしてセミナーの時は、講師の真ん前の中央席で、笑顔でうなずきながらメモを取り、思い切りオーバーアクションで笑うというバイト生活が始まりました。

内容はあまりわからないながらも、言われた通りに一生懸命ミッションを遂行しました。先輩方からは

「黒い頭の中で、茶髪がうなずいてるから、めちゃくちゃ目立ってるよ。居眠りの横揺れがうなずきの縦の揺れになってよかったね」

と、ほめられているのか、けなされているのかよくわからないコメントをもらうようになりました。

大社長たちから引っ張りだこになった茶髪のバイト

最前列真ん中聞きのミッションを始めてまもなく、不思議な現象が起こり始めました。

講師として話をする大社長のほうが、だんだん私に向かって話をするようになってきたのです。それも毎回です。

そしていつからか、緒方先生に、

「あの茶髪の彼を聴衆として派遣してくれないか？　話しやすいから」

と変なお誘いがかかることもありました。

それを緒方先生が、「うちの会社に、講演の講師たちにやたら気に入られる変わった青年がいる」といろんな社長に話すことで興味を持たれ、私は特命を受け、セミナーだけでなく、社長の取材をする緒方先生のおとも兼うなずき役として、いろんな場所に連れて行っていただけるようになりました。

そのおかげで学生にもかかわらず、たくさんの社長にかわいがっていただき、数多くのすごい人とのご縁をいただくことができました。

こうした一連の体験を通して、私の頭の中には

「講演やセミナー＝話を聞いて学ぶ場所」ではなく、
「＝うなずきまくって講師の先生と仲良くなる場所」

という、常識とはまったく違う意味づけの図式が、頭の中にできあがりました。

相手の話をうなずきながらしっかりと聞く。

この誰にでもその気になればできるごくシンプルなリアクションの習慣がもたらしてくれる大きな報酬は、計り知れないものがあります。

こうして居眠りからたまたま生まれた「魔法の傾聴」。

聞き方を磨くのは、話し方を磨くよりはるかに簡単で、相手に喜んでもらえるということ。

そしてこの魔法の傾聴こそ、相手も自分も幸せにする最高の方法だと私は信じています。

100%
好かれる
聞き方のコツ
18

うなずく姿勢を磨くだけで、想像を超える学びや出会いがやってくる

第3章

嫌われない聞き方

19

コミュニケーションは、まずは「嫌われない」ことが先決

人が心をひらくには順番がある

「魔法の傾聴」を知っていただき、ありがとうございます。

この傾聴方法を知っていただき、本来なら次は「さあ、さらに好かれる聞き方をマスターしよう」とつなげたいところです。

しかし、人と話をする時、何度もお伝えしてきた理解しておくべきことがあります。

それは

「人は誰しも、なんらかの不安を抱えている。まずは相手に好

かれようとたくさん話すことより、その不安をなくしていくことのほうが先である」

ということです。

不安な状態のまま、心をひらくことはありません。まずは相手の不安を安心に変える必要があるのです。

人といいコミュニケーションを取っていくためにまず大切なこと。

それは

「好かれる前に、まずは嫌われないこと」

です。

「あ、この人は安心できるな。話しても大丈夫かも」と相手に思ってもらうことが大切なのです。

私自身、これまでたくさんの人と出会ってきました。

その中で、「この人はなぜ初対面でこんな聞き方をするんだろう？」と、とてももったいなく感じてしまう人は少なくありません。

ただでさえ警戒心を持っている人の心の鍵をさらに強化させてしまうと、その後にいくら相手に好かれようと思っても、鍵を開けるのにものすごくエネルギーがかかってしまいます。

北風の話し方、太陽の聞き方

有名な寓話で「北風と太陽」という話があります。ご存知の方も多いですよね。

ある日、北風と太陽が話をして「どっちが先にあの旅人の服を脱がせることができるか競争しよう」とゲームをします。

北風は「これでもか」というくらい風を吹かせますが、旅人は服を飛ばされないようにコートをしっかりと握り締めます。

これに対して太陽は暖かく旅人を照らします。やがて暖かくなった旅人は、自分からコートを脱ぎます。太陽の勝ち。

簡単にまとめるとこんなストーリーです。

これは私たちのコミュニケーションや人間関係において、とても役に立つ話です。旅人は、まさにあなたの目の前にいる人です。

その人に自分の思いばかりを一方的に話したり、自分の考えばかりを押しつけるのは北風タイプ。

これに対して、相手の話を小さなことから真摯な態度で、まるで毛布で包みこむように温かく傾聴していくのが太陽タイプ。

どちらが先に相手の心をひらくかは、簡単にイメージしていただけると思います。

プレッシャーのかからない会話ができるところに人は集まる

「生きとし生けるすべてのものは幸せへと向かう」

これは私が大切にしている考え方です。

あらためて覚えておくととても役に立つ真理です。

「そんなの当たり前のことじゃないか」と思われるかもしれません。

しかし、このシンプルなことを、意外と人は見落としがちになってしまいます。

そのせいで相手のことを考えずに、自分の話ばかりを優先してしまったり、人の気持ちを傷つけてしまうこともあります。

あなた自身が幸せに向かっているように、相手も幸せに向かって生きているのです。

ですから自分を傷つけようとしたり、否定しようとする人のところからは離れていきます。

そして自分の心を明るい方向に導いてくれる人、自分のことを理解してくれる人、自分を温かく迎え入れてくれる人、自分の話をちゃんと受け止めながら聞いてくれる人のところに集まります。

特に日常会話を基本としたコミュニケーションの場では、なるべくプレッシャーのかからないところに集まります。

仕事ならともかく、プライベートの場で、進んで嫌な気持ちになる人との時間を過ごすことはまずありえません。

相手に好かれる前に、まずは相手の心に安心感を与え、不安を取り除くこと。

そのために、まずは「やるべきこと」より「これはやらない」と決めることが大切です。

話を聞く時に、やると損することを9個にまとめてみました。

この章では、

「聞き方で損しないために覚えておくと役に立つこと」をお伝えしていきます。ともに考えていきましょう。

100%
好かれる
聞き方のコツ
19

否定せずに聞いてくれる人のところに人は集まる

好かれる前に「嫌われない」ことが大切

自分を否定しようとする人からは、人は離れる

ダメじゃん
無理じゃない？
どうせ
失敗するでしょ
イヤだなぁ
……
また
否定される……
話したく
ないな……

自分の話を温かく聞いてくれる人に、人は集まる

最高の
アイデアだね！
すごく
イイじゃない！
ほー！
よく思いついたね！
さすが！
いつも
ほめてくれる
なんだか
楽しいな
この人と一緒にいると
前向きになれるなぁ

まずは安心感を与え、不安を取り除こう

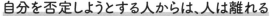

20

嫌われない聞き方①
違う意見の人を否定しない

「それは違う」とできるだけ言わない

人はさまざまな価値観を持っています。

超情報化社会で、以前より簡単に情報を手に入れることができるようになりました。たくさんの情報が手に入るということは、同時にたくさんの価値観を知るということとイコールになります。

ですから、こうした言葉が生まれてくるのは当然のことでしょう。

それを受け入れるのはなかなか難しいことかもしれません。

実際に、日本全国至るところで今この瞬間も、上司が部下に、親が子どもに、先輩が後輩に対し、一方的に責めてしまうやりとりは、昔からずっと変わらずに続いていることだと思います。

自分の常識が相手にとっても常識と思っていると、思わぬ価値観に出会った時、人は思わず「それは間違ってるだろ！」と指摘したくなるのは当然のことです。

よほど人に危害を加えることは別として、正確に表現すると、それは

「間違っている」のではなく、「自分とは違う」

ということなのです。

あなた自身も自分の大切にしている価値観を否定されると嫌なように、相手にとってもそれは同じことなのです。

100％
好かれる
聞き方のコツ
20

相手を否定するのではなく、相手との価値観の違いを理解する

21

嫌われない聞き方②
自分の常識を押しつけない

正論は使い方を気をつけよう

世の中には正論というものがあります。

この正論を通しすぎると、相手は自分自身を否定された気分になります。

こうなるともう話はできません。

正論を押しつけられると、いくら正しくても人は反発するものなのです。

そうではなく、まず相手の話をしっかり聞くことで、相手の考え方、そして感情を知ることから始めましょう。

特に気をつけておくべき場所は、お酒の場です。

ふだんは理性でブレーキをかけることができていても、お酒でそのブレーキが外れてしまうと、ついつい自分自身の我《が》が出てきてしまいます。

その状態で違う価値観に向き合うと、つい相手を攻撃してしまい、人間関係がこわれてしまうのです。

人として、相手を1人の人間として尊重してこそ、いい関係性が成り立ちます。

一般のコミュニケーションを取る時に、無理に「教えよう」とか、「相手の間違えた考え方を正してやろう」とはしないほうが賢明です。

自分の価値観を言っていいのはただ1点だけ。

「ねえ、あなたはどう思う？」

と相手から聞かれた時のみです。

その時も、自分の価値観を強要することはやめましょう。

あくまで
「自分はこう思うよ」

「私ならそんな場合はこうする」

という自分自身の考え方やスタンスを示せばいいだけです。

それを相手がどう捉え、どんな選択を取るのかは、相手自身の問題です。


自分は自分の価値観で生きる。

相手は相手の価値観で生きる。

ここをしっかりと守っていきましょう。

100%好かれる聞き方のコツ

21

人間関係は、正しければうまくいくというものではない

22

嫌われない聞き方③
話す相手と競わない

相手の話にマウンティングしない

話を聞くということは、ある意味、話をするより器が問われます。

人は、多かれ少なかれ、無意識のうちに相手より優位に立とうとする心理を持っています。

特に男性はこの意識が強い傾向を持っている気がします。

無理やりいい話をしようとしたり、人に馴染みのない専門用語や横文字を、使ってしまう人を見かけることは少なくありません。

同じ業界の人が集まっている特別な場所は別として、日常のコミュニケーションの場で、相手の置かれた立場や目線、気持ちを考えずに、相手が理解できないような言葉を使うのは控えたいものです。

「この人の話、難しくてつまんない」と思われることはあっても「わあ、あなたって物知りなのね」とリスペクトされることはまずないと覚えておきましょう。

相手の話のさらに上をいく知識を披露したり、相手の話を奪って自分が話したりすることは気をつけましょう。

「あの人って何かとマウンティングするよね」

そういうふうに言われたくないものですね。

100%好かれる聞き方のコツ 22

マウンティングには気をつける

23

嫌われない聞き方④
結論を焦らない

日常会話では結論を求めない

話し上手な人、話すのが苦手な人。

人にはそれぞれの話す力のレベルがあります。

例え話を使ってとても上手に伝えることができる人や、人を笑わせることに長けている人もいれば、逆に、思いがうまく言葉にならず、話がまとまらない人もいます。

走るのが得意な人もいれば苦手な人もいる、勉強が得意な人もいれば苦手な人もいるのと同じようにです。

日常のコミュニケーションの場で、話が苦手な人と出会った時、心がけてほしいことがあります。

それは極力、結論を求めたり「何が言いたいのかわからない」という表情はしない、ということです。

「要するに」とか「ひと言で言うと」と自分のテンポでまとめてしまうと、その後、話が苦手な人はどうしていいかわからなくなってしまいます。

日常会話においてのコミュニケーションはもっとラフでいいのです。


では、これをビジネスの場に当てはめて考えてみましょう。

あなたは自分の目の前の仕事に追われています。

そこに話が苦手な部下が相談に来たとします。

その部下はいつも話がまとまらず、結果的に話を聞くのに時間がかかってしまうタイプです。

こんな時の解決方法の1つとして、**あらかじめ、聞くことに使える時間を提示す**

るということがスマートな方法です。

例えば、

「あと30分したら、15分だけ時間が空くから、それまで待ってもらってもいいかな？」

と言えば、部下の頭の中に「15分で説明しなきゃ」という意識が芽生えます。

それでも長くなりそうならば、

「○○さんの言いたいことって、つまりはこういうことかな？」

と結論をやわらかく促すことも1つの方法でしょう。

一番気をつけたいのが、

「ねえ、ところで何が言いたいの？」

「忙しいから結論から言ってくれるかな」

と相手にプレッシャーを与えてしまうことです。

誰にでも得意不得意はあります。

ここを理解して、部下とともにゆっくりと成長できるといいですね。

100%
好かれる
聞き方のコツ

23

話がまとまらない相手に、無理やりプレッシャーをかけない

24

嫌われない聞き方⑤
答えや解決策をはじめから言わない

すべての答えは自分の中にある

例えば人が悩みを打ち明けてきた時。

いきなり

「それはこうすれば解決するんだよ」

と答えを言うのは意外といい方向に進みません。

もちろん本当に解決策を知りたくて相談をすることもありますが、多くの場合、人は「ただ自分の気持ちをわかってほしい」と願っているものです。

実は自分の答えは持っているのに、「大丈夫だよ」とあえて背中を押してほしくて悩みを聞いてもらいたいという場合も少なくありません。

こういう場合は「こうすればいい」という指示ではなく、質問が有効です。

その中でも、とても答えを出しやすい質問があります。それは
「あなたはどうなったら嬉しい？」

というものです。

「あなたはどうしたいの？」という質問も一見似てはいますが、違います。

「どうなったら嬉しい？」は感情で、「どうしたい？」は希望です。

人は希望より感情のほうが表現をしやすいからです。

「どうなったら嬉しい？」

これを質問していくことで、人は自分自身が本当はどうなりたいのか、という希望を自分の中から探し出します。

そして最終的に、人は他人からの命令や解決策より、自分自身で出した答えに納得します。

特に感情の入る相手に対してはこのことをしっかりと心に置いて話を聞きましょう。

例えば自分が親になった時、上司の立場になった時、もしくは大切な人にアドバイスをしたくなった時など。

愛ゆえに相手に対して一方的に自分の答えを押しつけたくなるものです。

しかし、その気持ちをぐっとこらえて、悩みを聞く時は、あくまで自分はその発見のお手伝いをする、という意識で聞いていくといいと思います。

その人の本当の感情は、その本人のみが見つけることができるものなのです。

100%
好かれる
聞き方のコツ

24

相手が自分で解決策を見つけ出せるように伴奏する気持ちで話を聞く

25

嫌われない聞き方⑥
さえぎらない、話を変えない

話の流れに沿わない質問をしない

「あのね、こんなことがあってね、それでこうなってね」

この話に対して、途中で「あ、ところで全く話は変わるんだけど」と話を変えるのはやめましょう。

違う話題を切り出す時は、その話に1つの区切りがついてからのほうが賢明な選択です。

話す人はそれぞれの話の中にストーリーを持っています。

そのストーリーの最中に突然違う話題になってしまうと、泣いて悲しむまではしないながらも、心の底で、寂しい思いをしてしまいます。

もし相手が楽しそうに話をしている時は、2章で紹介した「魔法の傾聴」を使って、相手の話に沿った会話を広げていくように心がけましょう。

もちろんあなたも話したいことはあると思います。

しかし、この本は聞く立場に立った人のための本なので、あえてそうお伝えします。

なるべく相手の話をさえぎらない。それでも自分が口をひらく時は、

「そうなんだ」

「そうだよね」

「うん、うん」

と、まず何らかの前置きを付けた上で、

「その話を聞いて思うんだけど」

「ちょっと聞いてもいい?」

と、あくまで話の流れに乗った転換や質問につなげていくように心がけましょう。

そしてもう1つ覚えておくと役に立つこと。

それは、

「でも」という接続詞をなるべく控えめにする、ということです。

「でも」の後に続くのは、多くの場合、逆説的な内容が続きます。

「私はこう思ってるんだよね」

「でも、それって間違ってるんじゃない？」

「私はこうしたいの」

「でも、それって危険だよね」

この「でも」を使いすぎると、相手とのコミュニケーションはうまくいかなくなってしまいます。相手との会話になるべく「でも」を使わないようにする、ここも意識しておくと、相手はスムーズに話しやすくなります。

100％
好かれる
聞き方のコツ

25

相手の頭の中にある脚本に沿って話を広げる

26

嫌われない聞き方⑦
心を折るツッコミはしない

ネガティブな言葉は極力使わない

お笑いの世界には「ボケ」と「ツッコミ」があります。

お互いトーク能力が高く、リズムが合う時はこれも話の面白さにつながっていきます。

しかし、普通の人はつっこまれることが苦手です。つっこまれると、その後どう切り返していいのかわからなくなるのです。

周りの人がみんな話し上手でテンポよく会話をしている時に、うまく乗ることができずに寂しい思いをしている人は意外なほどにたくさんいます。

話す側の人が言った何気ないツッコミやひと言が、会話をする上でのトラウマになってしまうこともあるのです。そう考えると、人の心は思っている以上に繊細なものと言えます。

特にまだ**人間関係ができあがっていない相手との会話の中で、ツッコミにおいてネガティブな言葉は絶対にＮＧ**です。

例えば

「バカじゃないの」

「オチはないんかい！」

「それって間違ってるよね」

「意味わかんないんだけど」

こうした類いの言葉です。すべての人が会話上手で話に自信を持っているわけではありません。むしろその数は少数と思っておいて間違いはないでしょう。良かれと思って発した何気ないひと言で、あなたが相手の印象を下げることがありませんように。

100％
好かれる
聞き方のコツ

26

ふだんからマイナスキーワードを使わないように心がける

27

嫌われない聞き方⑧
干渉しすぎない

人には誰しも、他人に言いたくないことの1つや2つはある

これは特にお母さんをはじめとして、大切な人のことになると、つい熱くなってしまう人が注意しておく聞き方です。

子どもであれ、パートナーであれ、友人であれ、人には誰しも、自分以外の人に言いたくないことの1つや2つは絶対に持っています。

どんなに大切で、どんなに近い存在の人であっても、そのブラックボックスはなるべく開けないようにするのが、人間関係のマナーのような気がします。

もちろん「大切な人のことはなんでも知っていたい」という思いはわかります。

しかし、そこで自分の感情に任せて
「今日は何時に帰ってくるの？」

「今どこにいるの？」

「今日は何してたの？」

「なんで私には何にも言ってくれないの？」

とたたみかけてしまうと、相手は取り調べを受けているような気持ちになり、自分の殻に閉じこもってしまいます。


こういう場合、相手につっこんで質問するよりも効果的な返答があります。

「遅かったね、心配したよ。あまり無理しないでね」

「私はこうしてもらえると嬉しいな」

「私で相談に乗れることがあったら言ってね。役に立ちたいし」


このように、相手に質問するのではなく、自分の気持ちを伝えるのです。

人の心理は不思議なものです。

聞かれたら言いたくなくなるのに、逆に気持ちだけを置いていかれると、

「悪かったな、やっぱり言っておこうかな」

となるのです。

いずれにせよ、大切な人であればあるほど、いい距離感でコミュニケーションを取っていきたいものですね。

100%
好かれる
聞き方のコツ
27

事情聴取をすればするほど、相手は心を閉ざしてしまう

28

嫌われない聞き方⑨「ここだけの話」は絶対、人に言わない

話の墓場をあらかじめ作っておく

人は秘密を他の誰かと共有したくなる心理を持っています。

よくある「ここだけの話なんだけど……」というものです。

この話が出た時、私は決めていることがあります。

それは聞いた後にその話を墓場に埋める、ということです。

これは幼い頃から言われ続けた私の父の口癖でした。

「男は話の墓場を持て。ここだけの話はするな。たとえ人からここだけの話を聞いてもそのまま墓場に埋めておけ。おしゃべりな男には一銭の価値もない」

今振り返っても九州らしい発言だなと思います。若い頃はまだこの言葉の理解に至らず、何度か失敗した経験があります。

しかし、今、この教えは人とコミュニケーションを取る上で、本当に役に立っています。

人は自分だけで抱えきれない悩みを持ってしまった時、どうしても人に聞いてほしくなります。これは悪いことではありません。

しかし、聞く側に回った時は、しっかりと

「よし、この話は自分のところで止めよう」

と決めて話を聞くことをおすすめします。

こうした話はもし自分が口を滑らせて漏れてしまうと、思わぬ尾ひれはひれがくっついて膨張し、歪《いびつ》な形に変わり、結局は回り回ってその悩んでいた本人のところに返ってきます。

それくらい人のフィルターというものは、自分本位なものなのです。

そうなってしまっては、もう相手の信頼などあったものではありません。

逆にそこをしっかりと守っていくことで、相手はあなたに対してさらに信頼感と安心感を抱くようになります。

ここだけの話は、本当にここだけ、自分だけで止めておきましょう。

そのほうが、あなた自身が人の話を聞く上でも、とても安全なことだと言えるのです。

100％
好かれる
聞き方のコツ

28

秘密を守れる人になる

聞き上手は「これ」をやらない

①否定しない

キミの考えは間違ってる！

②押しつけない

社会人はこうあるべきだ！

③競わない

先週、話題の店に……
あ、俺、その店、知ってる！

④急《せ》かさない

結論から言ってくれる？

⑤答えを言わない

……というわけで大変なの
こうすれば解決するのに、なんでやらないの？

⑥さえぎらない

ところで話は変わるんだけど……

⑦ツッコまない

ダメじゃん！

⑧干渉しすぎない

どこ行ってたの？
誰といたの？
何してたの？

⑨漏らさない

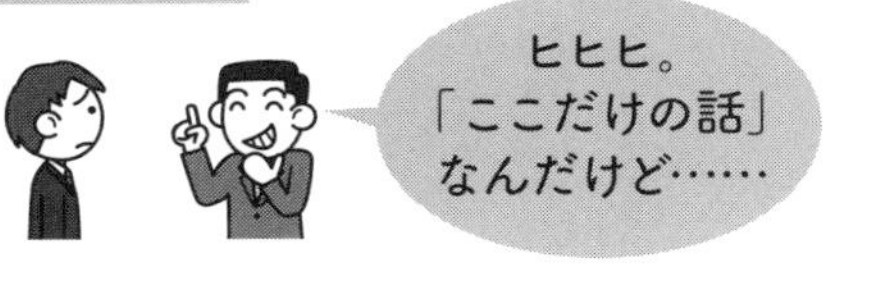
ヒヒヒ。「ここだけの話」なんだけど……

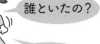

第4章

「また会いたい」と思われる人の聞き方

29

聞き方は「スキル」より「メンタル」

話を聞けない原因は、スキルではなく心の在り方

「人の話を聞くのって難しいよね。スキルを磨かないとね」

こうした言葉をよく聞きます。

しかし、実は人の話を聞くということは、全般で言うとスキルはそれほど重要ではありません。大切なのはメンタル、つまり聞く時の心の在り方です。

人は実力がある人、つき合うと得になるポジションについている人、もっと大きく言えば、自分にとってメリットのある人の話はよく聞きます。

しかし大切なことは、そうした利害関係のある人より、直接的にはメリットが見

えない人に対してどう話を聞くことができるかなのです。

もっと深く言えば、人にメリットを渡せる立場の人は、日常的に人がチヤホヤしてきます。

ですから話を聞かれ慣れているのです。

話を聞いてくれる人が1人2人増えてもそれほど感動はありません。

しかし、そうではなく一見メリットのない立場の人のほうが、「自分の話をこんなにしっかり聞いてくれた」という感動指数は大きくなります。

どんな立場の相手にも「敬意」を持って聞く

人はみな、感情を持って生きています。

いろんなことを感じながら、いろんなことに向き合いながら生きているのです。

それはお年寄りであれ、子どもであれ同じことです。

こうした人に対して、「自分には関係ないから」と面白くない顔をして聞くのか、逆にそういう人に対して親身になって話を聞くのかで、相手の印象もさることながら、あなたの人間力は大きく変わります。

社会的なポジションや老若男女問わず、感情があるという面に関しては、人はみな、等しく同じです。

そう考えた時、同じ人間として、相手に対して敬意を持って話を聞くということは、とても大切なことです。

しっかりと向き合って話を聞くことで、どんな話からも自分自身の学びになることはいくらでもあります。

「好奇心」を持って聞く

私たちは大人になるにつれ、大切なあるものを忘れがちになってしまいます。

それは**好奇心**です。

まだ何も持っていない頃、子どもの頃は、出会うこと、知ることすべてが新しい発見と感動に満ちあふれていました。

しかし、いろんなことを経験し、いろんなことが見えるようになるにつれ、「どうせこんなもんだろ」という先入観や決めつけを持つようになってしまいます。

これはとてももったいないことです。

まだまだ私たちが知らないことは世の中にごまんとあふれています。

どんな立場の人でも、自分が知らない分野のことを1つや2つは必ず持っています。

相手の話を聞かないということは、自分の見聞や見識を狭めてしまうことになってしまうのです。

今、私たちの周りにあるものはほとんどと言っていいほど、私たちが知らない人が作ったモノです。

よくよく目を凝らせば、その商品1つ1つにたくさんの思いが詰まっていることが見えてきます。

そうした身近な小さな発見の連続で人生はさらに面白くなっていきます。

一見小さなことでも、好奇心を持てば大きなリアクションが生まれてくるのです。

「この人は今、何を伝えようとしているのだろう？」

「この人はどんな気持ち、どんな感情で話しているのだろう？」

相手の立場に立って話を聞くことができる人は、出会う人の数だけいろんなことを知ることにつながるのです。

100％
好かれる
聞き方のコツ
29

どんな人の中にも
キラッと光るダイヤモンドがある

相手を感動させる聞き方

①敬意を持って聞く
ドクターイエローは「新幹線のお医者さん」なんだよ
へー！知らなかった〜！「新幹線のお医者さん」なんだね
興味深いね♪もっと教えて〜
②好奇心を持って聞く
先日のゴルフコンペで入賞したんだよ
どんな気持ちで話しているのだろう？
この人は何を伝えようとしているのだろう？
わぁぁ！すごいです！！！おめでとうございます♪
ゴルフができる人、憧れます♡
自分の話をこんなに聞いてくれた！
感動指数UP!

30

内容よりも、「感情」を聞こう

心をひらくキラーワード

人は誰しも、自分を否定されたくはありません。

否定されて嬉しい人など、どこにもいません。

できれば気持ちをわかってほしいし、共感してほしいのです。

しかし、今まで生きてきた十人十色の背景の中で、自らをいきなりさらけ出すということに抵抗感がある人も少なくありません。

すべての人がコミュニケーション上手というわけではないのです。

そういう人でも、心をひらけば、ダイヤモンド級の気づきをくれる話を必ず持っています。


では、いかにして相手の心をひらいていくのか？

どんな時に、人は安心感を持って話をしてくれるのか？

それは「この人は私のことをわかってくれる」と思えた時、つまり共感してくれたと感じた時です。

この時に、心の警戒が徐々に解除され始めるのです。

少しずつ相手の心をひらいていくキラーワードがあります。

それは

「そうだよね、わかるよ」

という言葉です。

「実はこんなことがあったんです」

「そうだったんだ。大変だったね」

悩みを打ち明け始めた時に、こう共感してもらえると、「あれ？　この人って話を聞いてくれそう。でもダメダメ、そんなに簡単に心をひらいたら、だまされるかも」

と驚きながら、また警戒します。

人には会話においていろんなトラウマを抱えている人がいます。

過去に信じていた人に裏切られた人。

いろんな場面で人から否定されてきた人。

自分の悩みを笑われたことがある人。

心ないひと言によって、気持ちを傷つけられた経験のある人は、相手に対して心をひらくということに対して恐れを持っているものです。

そしてこれは多くの人に当てはまると言ってもいいでしょう。

そのことを理解した上でしっかりと相手の気持ちに寄り添っていくと、相手の心がゆっくりと溶け始めます。

こうしたことを心に置きながら、徐々に

「そうなんだ、わかるよ」

「うん、そっか。わかるわかる」

という言葉を使っていくとこうなります。

「あれ？　なんか安心する」

「うわ、やっぱり安心する。もっと話したい」←

「安心したー、もっと聞いてー」←

「たくさん聞いてくれてありがとう。大好き。また会いたい！」←

相手の心の扉を徐々にひらいていく言葉、それは「そうだよね、わかるよ」という共感なのです。

100％
好かれる
聞き方のコツ

30

最強の共感ワード「そうだよね、わかるよ」で心の扉をひらいていく

相手の「感情」に寄り添おう

31

オンラインは聞き方ですべてが決まる

オンラインがコミュニケーションを変える

私たちの生活を大きく変えた歴史的事件であるコロナ禍。

その中で、私たちのビジネスやコミュニケーションに大きな変革が起きました。

それは「オンラインの出現」です。

人と人とが会えない中、たくさんのオンラインインフラが世の中に存在を確立させました。

このオンラインツールはたくさんのコミュニケーションの架け橋になりました。

もしこのツールがなかったら、コロナ禍のパニックはさらに私たちの心を蝕んでいたであろうことを思うと、この存在に本当に感謝です。

また、今後も新しいツールが続々と登場してくることは容易に想像できます。

多くの人がオンラインツールを使っていると思いますので、この項目では、オンライン上でのコミュニケーションについて考えてみることにします。

実は聞く力がリアル以上に試されるオンライン

「コロナでオンライン需要が増した。これで移動も減って、コミュニケーションが楽チンになる♪」

正直、私はそう思っていました。しかしその反面、ビジネス面では大きな不安に包まれました。

それは2019年に発売され、売れ行き好調だった『人は話し方が9割』のことに関しては、「やばい、売れ行きが止まる」と思いました。

人と人とのコミュニケーションの機会が減っていくと思ったからです。

しかしありがたいことに、コロナが始まってから、その不安を吹き飛ばすくらい「話9《はなきゅー》（『人は話し方が9割』の略）」の売れ行きはどんどん増えていったのです。

「なぜ？」

嬉しい悲鳴と同時に、私はそこが謎でした。

しかし、読んでくださった読者さんから「話9がオンラインで役に立った！」というメッセージをたくさんいただいたのです。

2020年の5月くらいまで、私はオンラインをほとんど使っていませんでした。しかしそこから、社内会議でオンラインを使うようになり、その意味が理解できました。

こうしてコミュニケーション本を書いている人間としての目線から言わせてもらうと、実はオンラインのほうが、リアルよりもコミュニケーション能力がはるかに必要とされるのです。

オンライン上ではみんなが聞き方を見ている

例えば講演やセミナーなどの勉強会、もしくは会社の会議などの場合は、発言者1人対聴衆という図式で成り立っていました。

こういう場合、発言者はプロ、もしくは慣れている人間なので、オンラインでもそれほど景色は変わりません。そして、聞く側は他の人に自分の表情を見せる必要はほぼありませんでした。

しかしオンラインはそういきません。全員の顔が出る画面設定では、聞いている人の表情が、全体の人に見られてしまうのです。

「この人は真剣に聞いているな」

「あ、この人は話の聞き方が下手な人だな」

ということが、即座に印象づけられてしまうのです。

もともと話す側の人は慣れているので、オンラインになってもそれほど苦労はしないでしょう。たくさんの人を見ながら話す場が、リアルからオンラインになっただけですから。

しかし聞く側はそうはいきません。

自分自身がどんな顔で聞いているのか、つまり「聞く力」がダイレクトに問われることになってしまったのです。

100%
好かれる
聞き方のコツ

31

オンラインこそ聞き方が9割

オンラインも聞き方が9割

×無表情
新しい企画
ですが……
話しにくい
なぁ……
×無関心
×ノーリアクション

オンラインこそ「聞く力」を発揮する!

○表情豊か
新しい企画
ですが……
楽しいな♪
○好奇心いっぱい
○大きなリアクション

32

オンラインでいい空気を作る「3つのコツ」

先にルールを決めれば空気がよくなる

話すことに苦手意識を持っている人はたくさんいます。にもかかわらず、オンラインは発言を求められます。

ふだん話し慣れていない人にとっては、ある意味頭の痛い仕組みかもしれません。慣れない中で話す人にとって、周りのリアクションは命綱のようなもの。

つまり**反応しないということは「落ちたらケガをする綱渡りを命綱なしに渡ってみろ」と言っているのと同じようなもの**なのです。

そう考えると、ノーリアクションは、話す人にとってはメンタル的にとても意地悪なものとも捉えられます。
逆にうなずいてくれる人の存在は、まさに「地獄に仏」と言えるでしょう。
1章にも書きましたが、私は陽な家という飲食店でのチームづくりの経験を活かし、今の社内会議やコミュニティの中でいくつかのルール決めをしています。
それは、陽なた家時代のミーティングや朝礼の時のルールとほぼ同じです。
手前味噌になりますが、1つ確信しているのが、「うちのオンラインは他のどこのチームにも引けをとらないくらい発言者が話しやすい空間である」ということです。

では、そのルールとは何か？

それは

「否定禁止」

「魔法の傾聴」

「リアクション3倍」

というものです。

つまり、話す人に対する配慮をあらかじめルール化しているのです。

先にルール化することで、「あ、ここはそういう場所なんだな」と、参加者の方々にマインドセットしていただく目的があります。

リアルと同じマインドでオンラインに向かおう

「僕はコミュニケーションが苦手なので顔出しはナシでいいですか？」

「お化粧をしていないので顔出しNGでお願いします」

という要望には、オンタイム参加は丁重にお断りをさせていただき、録画で見ていただいています。

録画がない場合は、しっかりと準備をしていただくということになります。

これは、しっかりと準備をして臨んでくださった方の話しやすさを、断固として守るためにそうしているのです。

そもそも顔出しナシということは、1つの部屋でみんなが集まってミーティングをしている中で、

「ロッカーの中で聞いときます」

「話は聞きたいので、カーテンに隠れてていいですか？　私のことは気にしないでいいので」

と言っているのと同じです。

逆に気になります。

オンラインでも、リアル同様、参加する人が話しやすい空気づくりに協力することが、最低限のマナーなのです。

オンラインは移動がないぶん楽なツールではありますが、その反面、おそろしいほど聞き方や心の姿勢をジャッジされます。

「この人は感じのいい人だな」

「あ、この人はどこに行っても好かれないだろうな」

と判断されてしまうのです。

こうした理由から見ても、オンラインはコミュニケーション、特に聞く力や姿勢、その人自身の周りに対する配慮や心の在り方が大きく問われるツールなのです。

聞き方を磨き、上手にストレスなくオンライン時代を進んでいきましょう。

100％
好かれる
聞き方のコツ

32

「否定禁止」「魔法の傾聴」「リアクション3倍」で話しやすい空気を作る

オンラインの会話
3つのポイント

①否定禁止

いいですね！
面白いですね！
いいアイデア
ですね！

②魔法の傾聴

☑1. 表情
☑2. うなずき
☑3. 姿勢
☑4. 笑い
☑5. 感賛
うわぁー！！！
それはステキ
ですねー♡

③リアクション3倍

おおお
ーーー！！！
それは
嬉しいです
ね！！！

顔出しナシはNG

オンラインでも話しやすい空間づくりを！

33

職場やコミュニティで「一目置かれる」聞き方

後輩にわからないことを質問できる先輩は好かれる

この本の執筆中に、とあるテレビ番組を目にしました。

その内容は、今、企業の中で「逆メンタリング」という手法を導入している企業が増えているという内容でした。

メンタリングとは、簡単に言うと、「その道に詳しい人に方法を聞く」ということです。

その番組を見て感じたことは、感動というより、むしろ「え？　普通に聞けばいいじゃん」というものでした。

私自身、わからないことや知らないことがあると、スタッフであろうがコミュニティの新人であろうが、息子であろうが誰にでも質問するタイプだからかもしれません。

以前は上司が部下に質問するという行為は、ともすれば

「上司としての立場を失うおそれがあるかもしれない」

「こんなことも知らないのかと舐められてしまうかもしれない」

と思う人が多い風潮がありました。

ですから上に立つ立場の人は、博識であろうとしていろんな知識の習得に時間を使うことも余儀なくされていました。

しかし私はそうは思いません。

相手が部下であれ、新入社員であれ、知っていれば素直に聞けばいいのです。

むしろ立場的に下のポジションにいる人は、上司から質問をされることで自己重要感が満たされることは往々にしてあります。

質問をするということは、つまり相手の参加できる居場所を作るということにつながるのです。

もしあなたが上司や先輩の立場の場合、どんどん部下や後輩に質問し、巻き込んでいきましょう。

想像以上に今の若い世代は優秀です。

100％
好かれる
聞き方のコツ

33

質問することで周りの人の居場所を作る

部下や後輩に好かれる聞き方

質問しない人は……

聞かれないと、
人は「話そう」
という気を失う

質問する人は……

質問されることで、
自己重要感が満たされ、
協力的になる

34

かわいがられる人が実践している「みんながハッピーになる」聞き方

目下の立場の時は、決定する前にまずは聞く

人間関係は繊細なものです。

もちろん感じ方は人様々ですが、「あ、自分は蚊帳の外か」という孤独感は、人の心を大きく傷つけてしまいます。

これはよくあるケースなのですが、例えば職場やコミュニティの後輩など、その組織で立場が下の人が、自分の決裁でことを進め、

「報告します。これでいこうと思います！」

と自信満々に目上の人に報告したとしましょう。

この時、目上の立場の人はなぜか心がざわついてしまいます。

部下や後輩を持ったことのある方は、心当たりがあるのではないでしょうか。

「そうか！　自分で決めてすごいな！」と心の底から言ってくれるほど人間ができている人は、そんなにいるものではありません。

職場であれ、コミュニティであれ、人間関係の組織図は今、以前よりはフラット型になりつつあると言われています。しかし実際は、まだまだ以前のピラミッド型の要素は根強く残っています。

そうなると当然、上司や先輩にかわいがられる人がうまくいく、という構図は消しようもありません。

例えばあなたが何かを進めようとする時、面倒かもしれませんが、できれば直属の上司や先輩に、一度進行状況を報告し、相談する、意見を聞くという工程を踏んでみることを提案します。

それでもし仮に、あなたと先輩の意見が違い、どうしても自分の意見で進めたい時は、

「貴重なご意見をいただきありがとうございます。いろいろ考えた結果、今回はこの方法で進めさせていただけませんか？　ここからもご指導よろしくお願いします」

とひと言添えればいいのです。

そうした配慮があるだけで、あなたはしっかりと筋を通す信頼に足る人になり、周りを敵にせず、人間関係を円滑に進めることができます。

こういう場合にも、聞く力は大切な潤滑油になってくれるのです。

100％
好かれる
聞き方のコツ

34

ひと言あるだけで、人は嬉しいもの

目上の人にかわいがられる聞き方

意見を聞かない人は……
部長、ご報告です
デザイン、この案でいこうと思います！
これ以外にはありえないです
ああ、そうか……
勝手なやつだなぁ
誰も協力したくない
意見を聞く人は……
部長、ご相談よろしいですか？
デザイン、この案でいこうと思っているのですが
部長のご意見もいただけたらと思いまして
うーん、ちょっと弱いかなぁ
たしかに少し弱いかもしれませんね……。
……でも、よく見ると、これはこれでいいね
……ありがとうございます！！！！！
みんな協力したくなる

35

「上の立場の人」ほど孤独になりやすいと理解する

話を聞いてもらえない年長者たちの悩み

「歳は取りたくないもんだねえ」

年配の方からこんな言葉を聞いたことはないでしょうか？

私はこの言葉を「歳を取れば取るほど人は孤独になっていく」という意味の言葉のような気がしています。

以前より体が動かなくなり、行動範囲も狭まり、周りも同時に動きが鈍くなります。当然、若い頃のように集まってワイワイやることも減ってきます。

これは年配の方だけでなく、組織で年長者になっていく場合も同じです。

ポジションや年齢が上がれば上がるほど、現場から離れていき、以前ほど組織のメンバーとの交流も少なくなっていきます。

こうなると、人は孤独感を埋めてくれる存在を求めるようになってきます。

その中の大きな存在の1つ、それは

「自分の話を聞いてくれる次世代」

なのです。

メモを取りながら話を聞く

歳や経験を重ねていくにつれ、年長者や経営者には、実は大きな欲求が芽生えてきます。

それは

「自分のやってきたことを次世代に伝えたい」

というものです。

これを「自己複製欲求」と言います。

簡単に言うと、

「年長者は教えたい生き物」

なのです。


2章で紹介した「魔法の傾聴」。

このアクションは紙面の都合上、5つにまとめましたが、実はこの中の1つにあった「姿勢」の部分で、さらに大きく好印象を持たれるアクションがあります。

それは、

「話を聞きながら、同時にメモを取る習慣」を身につけることです。

うなずきながらメモを取る、この姿勢は年長者に大きな喜びを与えます。

「いやいや、そんなメモをするようなことじゃないから」

と言いながら、一生懸命いろんなことを教えてくれます。これをやって損をすることはまずありません。

メモを取る時の注意点

ただ1つだけ、マナーとして付け加えておきます。現在はスマートフォンにメモ帳やスケジュール機能がつき、手帳の代役を果たすようになりました。これがまた便利なのです。

ですからもし手帳やノートの代わりにスマートフォンを使う場合には、

「こちらにメモをさせていただいていいですか？」

と前もって、ひと言聞きましょう。

「こいつ、人が話しているのに携帯をいじってるのか」と思われないためにも、このひと言は大切です。

しかしできることなら、年長者に話を聞く場合は、ノートもしくは手帳をあらかじめ準備しておいたほうが印象はさらに上がるかもしれません。

100%
好かれる
聞き方のコツ

35

年長者の話を積極的に聞き、未来が楽しみな人になる

「話を聞いてくれる人」は誰にとっても大きな存在

僕の人生は山あり谷ありで本当に波瀾万丈だったんだよ
ぜひ、青山さんのお話、お聞きしたいです！
心の扉

「メモを取りながら」話を聞く人は信頼される

①メモは手帳やノートに取る

②スマートフォンはなるべく避ける

③やむを得ない場合は、ひと言断りを入れてから

こちらにメモをさせていただいていいですか？

36

「私はここにいるよ」と誰もがみんな叫んでる

表現欲求が上がる時代に

今、私たちの生活は、ＩＴの発達により、以前よりたくさんのことを世の中に発信することができるようになりました。

ブログやYouTube、Facebookをはじめとする SＮＳで、個人の情報を世の中に大きく届けることも可能になり、今やそれは日常的になってきました。

こうしたインフラの進化と同時に高まったものがあります。

それは１人ひとりの表現欲求です。

いろんな発信が可能になったことで、「私もひと言言いたい」という願望が高まってきたのです。

そして同時に、ＳＮＳを通して、世界中の人たちとつながることができるようになりました。

しかし、実際はどうでしょう。それで人の孤独感は埋まったのでしょうか？

ＳＮＳで称賛をもらうために、等身大の自分をはるかに超えた自分自身を演出しようと無理をする人。

つながりを求めていろんな人にメッセージを送っても、返信をもらえずに悩んでいる人。

逆に、たくさんのフォロワーはついていても、それは実際に会ったことのない人ばかり。「この中で、自分のことを本当に思ってくれている人って何人いるんだろう」と心の底で、本当のつながりを探している人。

このような悩みを抱えている人たちが増えているのも事実です。

これに加え、２０２０年から始まったコロナ禍。

生きるということが当たり前だった今の私たちすべてが、たくさんの人の死を間近に見ることで、

「自分が本当にやりたいことって何なんだろう？」

「自分にとって、本当に大切な人は誰なんだろう？」

「自分が困っている時、本当に支えてくれる人はいるのかな？」

という人生の価値そのものをあらためて探し始めました。

人は無意識に安心できる場所を探し続けている

今、社員のメンタルヘルスを整えるために、カウンセラーを社内に常駐させる会社が増えているとよく聞きます。

ひと昔前は、会社の悩みごとや相談は上司が聞くことが定番でした。

しかし、今、それぞれのつながりが薄くなっていき、ハラスメントをおそれて職場でのコミュニケーション自体が減ってきています。それを補うために、話を聞い

てくれるカウンセラーが必要になっているのです。

そしてここからも、在宅のテレワークという働き方が一般的になればなるほど、人と話すという基本的なコミュニケーションの場がどんどん減ってくることは目に見えています。

出社の回数が減って自由になった分、逆の意味ではコミュニケーションの機会の減少というマイナス面も同時に生み出してしまうことになるのです。

何度もお伝えしてきましたが、人は本来話したい生き物です。

コミュニケーションの場所が減ったとはいえど、その欲求が減るということは決してありません。

無意識に、どこかに話す場所を求めていくことになるでしょう。

当然ですが、「話したい」という気持ちを満たすためには、ただ壁に向かって独り言を言うことでは解決できません。

「聞いてくれる人」の存在が必要になります。
つまり「聞く人」の存在は、多くの人にとっての心理的安全基地であり、その存在が大きく求められていくのです。

100%
好かれる
聞き方のコツ
36

ここからは聞く人が今まで以上に求められる時代になる

人々の「話したい」欲求は
ますます高まっている

やっぱり人は話したい生き物

私は
ここにいるよ〜！
私にも
ひと言
言わせて〜！
もっと
話したい〜！

話を聞いてくれる人＝安心できる場所

楽しいな〜♪
嬉しいな〜
ホッと
するな〜♡
安心感
聞いてくれて、
ありがとう♡
なんだか
安心
するな〜

これからの時代、「聞く人」はより求められる

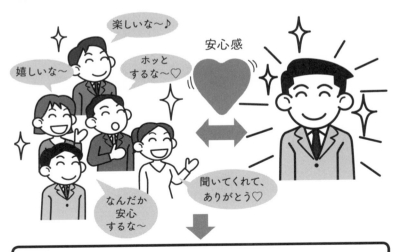

37

まずは「身近な人」「大切な人」の話を聞くことから始めよう

すべての人の話を聞こうとしなくていい

聞き方について、ここまでたくさんお伝えしてきました。

「そうか、聞き方って大切なんだな」と少しは思っていただけたんじゃないかな、と思います。

新しい聞き方ライフを始めるあなたに、大切なことをお伝えします。

「あ、その大前提でいいんだ」と再確認していただけると幸いです。

今、私はこうして本や講演を通してたくさんの方とお会いさせていただけるようになりました。この仕事を通して、本当に世の中にはいろんな人がいるんだな、ということを日々感じています。

今回、この本は「聞く力を高めて、安心感を与えられる人になろう」というテーマを私なりに設定してお伝えしてきました。

しかし、こうお伝えすると、真面目な方に限って、「よし、あの苦手な人の話を聞くんだ！」と、一番難しい人を選んで聞き方磨きにチャレンジしようとするケースがあるのです。

これはやめてください。

そうではなく、**まずはあなたの身近な方、大切な方、「この人の話を聞きたいな」と心から思える方から聞き方チャレンジを始めてください。**

「誰に対しても」はもう少し先にしてほしいのです。

まずは身近で大好きな人の話から

世の中にはいろんな性格の人がいます。

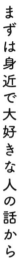

話す側の人が、みな好意的な方ばかりではありません。

「ただ聞いてもらうことでスッキリしたい」と、自分自身は全く変わる努力をしようとせずに、あなたを愚痴のいいはけ口に使おうとする人もいます。

もちろん、初対面やまだお互いのことをよく知らない時は、どうしても聞かざるを得ないこともあるかもしれません。

しかし、会うたびに人の愚痴や悩みばかり話す人というのは、聞き方チャレンジに入門したばかりの人にとっては、エネルギーと時間を浪費するだけです。

ある程度の線引きは必要です。


遠くではなく、盲点になりやすい身近なところを見てみましょう。

ひょっとすると、あなたの周りの大切な人が何かで悩んでいることもあるかもしれません。

あなたの大切な人が何かを伝えようとしているかもしれません。

まずはその人を優先してほしいのです。

あなたの時間は有限です。
その大切な時間を誰のために使うのか？
誰の話を聞き、誰に寄り添っていくのか？

そこをジャッジすることは悪いことではありません。
あなたにとって一番大切なのは、あなたの大切な人、そして何よりもあなた自身なのだ、ということをしっかりと覚えておいてください。

100%
好かれる
聞き方のコツ
37

自分の時間を大好きな人のために使う

38

聞いてくれる人がたった1人でもいることで「救われる人」がいる

どんな人にも言い分がある

世の中にはいろんな人がいます。

残念ながら幸せな人ばかりではありません。

友達ができず、1人で虚ろな日々を過ごしている人。

コミュニケーションが苦手なために、職場で周りの人とうまくいかず、1人孤独に仕事をしている人。

明日に希望を見出せずに家の中に引きこもっている人。

悪意のある噂を流されて、周りから人が離れていった人。

中には孤独がゆえに、反社会的行為を起こしてしまう人もいます。

もちろんその人にもそうなる原因はあるかもしれません。

しかし、なりたくてそうなっている人はいません。

誰もがみな、自分の言い分や感情を持っているのです。

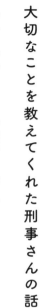

大切なことを教えてくれた刑事さんの話

「人は孤独になると、判断を誤る」

このことを私に教えてくれた、ある刑事さんのお話をします。

その方は、今、定年退職で引退し、現在はいろんな困りごとを抱えた人たちの相談員をボランティアでやっている、元警察官です。

刑事課に所属していた現役の時、私の店の常連さんになってくださったことで、いろんなお話をさせていただき、ときには飲みに行く関係になりました。

「兄ちゃんは本を書いてるから、俺の経験がちょっとでもネタになればいいいな」と、よくいろんなことを私に話してくれました。

そんなに口数が多い人ではなく、一見刑事さんとは思えないくらい物腰の柔らかい人でした。

話を聞くつもりで行った私が、気がついたら話す側に回っていることもしばしば。

思わず人をそんな気持ちにさせてしまう、不思議な空気を持っていました。

「ありがとう。私のことをわかってくれて」

「犯罪を生み出す一番の原因は孤独感だ」
刑事さんは飲みながら、よくこう言っていました。
刑事生活の中で、取り調べで犯人から言われた言葉の中に、とても印象的なひと言があったそうです。それは
「今まで、誰も自分のことをわかってくれなかった。でも刑事さんが、人生ではじめて俺のことをわかってくれた気がするよ。違う場所で、もっと早くあんたに会え

てたら、ここにはいなかったかもしれない。ありがとう。俺のことをわかってくれて」

という言葉でした。刑事さんは私にこう続けました。

「人ってな、孤独になると普通の判断ができなくなるんだよ。誰でも『自分はひとりぼっちだ』って感じたら物事を冷静に考えられなくなる。だから普通の人じゃ考えられないようなことをやっちゃうんだろうな」

たしかにその通りかもしれない。

刑事さんから聞いたその話をきっかけに、こんなことを考えるようになりました。

「犯罪者とまではいかなくても、なんらかの形で周りに迷惑をかける人、嫌なことを言って人を傷つける人、周りから人が離れ、寂しい思いをしている人。

もしそういう人たちに、たった1人でも気持ちを受け止めてくれる人がいたら、その人は変われるかもしれない。話を聞くことを通して誰かに寄り添える人を1人でも増やしていきたい」と。

自分の話を聞いてくれる人の存在は、まさに暗闇にいる人にとっては、出口を示す一筋の光になるのです。

これまであなたの話を聞いてくれた人たちへ

振り返ってみてください。

今まであなたも生きてきた中で、つらかったこと、理不尽な扱いを受けたこと、孤独を感じたこと、おそらくそうしたつらい時期があったと思います。

その時、あなたの味方になってくれ、話を聞いてくれた人はいませんでしたか?

私にもそういう人たちがいます。

その瞬間はつらくて何も考えられない状況でしたが、今振り返って、その時、話を聞いてくれた人たちへの大きな感謝が湧き上がってきます。

つらいことや悲しいことがあった時、たった1人でも自分の話を聞いてくれた人がいてくれることで安心感をもらえます。

前に進むことができるようになります。

人の話を聞く。
これは一見地味なことかもしれません。
しかし、与える安心感は、相手にとって想像以上に大きなギフトなのです。
たった1人でもいい。
今度はあなたが安心感を与える側に回ってください。
話を聞いてもらいたい人が、あなたのことを待っています。

100%
好かれる
聞き方のコツ
38

聞き方を磨いて、人の孤独を照らす一筋の光になる

〔おわりに〕いい言葉といい出会いがいい人生を作る

『人は話し方が9割』の出版から2年。おかげさまで兄弟本となる『人は聞き方が9割』を世に送り出すことができました。

実はこの聞き方に対する思いは、前著、話9《はなきゅー》（『人は話し方が9割』の略称）を執筆している時からずっと思い描いていました。もうすでに話9を読んでいただけた方はご存知かと思いますが、話し方の本にもかかわらず、話9の第1章は「話し方は聞き方が9割」と、「聞く」ということからスタートしているのです。

油断すると話9の内容が聞き方で終わってしまいそうになってしまっていたところ、担当であるすばる舎の上江洲編集長から、「永松さん、聞き方は本当に大切なのですが、これは話し方の本なので、聞き方はいずれやりましょう」とご指摘をいただき、話9が誕生しました。

そして、今年、2021年の夏、上江洲さんから「永松さん、やっと時期が来ました。聞き方、いきましょう！」と声をかけていただけたことで本書は誕生しました。

会話におけるもう1つの大切なことであり、どうしても書きたかった聞き方を書いたことにより、『人は話し方が9割』がやっと完成に至った気がします。

たこ焼きの行商、飲食店経営から、執筆、出版の世界へと自分の命の置き場所を完全シフトさせることになった今、実感することがあります。それは

「人生を作っているのは言葉である」

ということです。

2016年、出版一本に力を入れるため、九州から上京してきた不安だらけの私に、尊敬するブリキのおもちゃ博物館の館長で、『開運！なんでも鑑定団』で有名な北原照久さんからいただいた言葉があります。

「しげちゃん、これを覚えておくといいよ。それはね、『身体は食べたもので作られる。心は聞いた言葉で作られる。そして未来は語った言葉で作られる』ということ。だからね、人はどんな人に出会い、どんな話を聞き、どんな話をするかがとっても大切なんだよ」

北原さんのこの言葉は、事業を出版一本に絞り、まだ先がどうなることやらまったくわからなかった私自身にとって、大きな光であり、羅針盤となってくれました。

どんな人と出会い、どんな言葉を聞き、そしてどんな言葉を発するのかで、人生は大きく変わる。今回の出版を通して、私自身この言葉を大きく実感することがありました。

話9と聞き9《きききゅー》。この2作を出版してくれたすばる舎から、2021年の夏に『喜ばれる人になりなさい』という、母と私のドキュメンタリーエッセイを出させていただきました。

2016年の5月に他界した母が最後に残してくれた言葉の中に、「あなたは絶対に日本一になるよ」という一節があり、この言葉をきっかけに私は事業を出版一本に絞り込み、この分野で日本一を目指すことになりました。

はっきり言ってその夢の実現方法はまったくわかりませんでしたが、この言葉が導いてくれたのか、おかげさまで２０２１年に日本の書籍の年間ランキングで日本一（日販調べ）、ビジネス書でも２０２０年、２０２１年と2年連続1位という大きなタイトルをいただくことができました。それだけたくさんの方々に本を手に取っていただけたこと、感謝と同時に今、身の引き締まる思いです。

そして言葉の力と同時に、今、もう１つ実感していることがあります。それは

「たった1人の小さな思いから奇跡は始まる」

ということです。

２０２１年、話9が上半期日本一をいただいたお知らせを受けた後の6月5日、すばる舎の創業者である八谷智範会長が、69歳の若さでこの世を去りました。

天国の八谷会長へ。「読者がワクワクする本を作る」という思いを込めて、あな

たがたった1人ですばる舎を創業されてから33年、この思いが今、日本全国にどんどん広がっていき、2020年、2021年、すばる舎は日本一の会社になりましたよ。会長の宝であるすばる舎の人たちはみんな元気で、陽気で、社長を中心にいつも本の未来について熱く語っています。とってもいいチームです。このチームでさらにたくさんのワクワク本を世の中に送り出していきますので、そちらの世界から温かく見守ってください。この素晴らしい会社を作ってくださったことに心から感謝いたします。

すばる舎の徳留慶太郎社長。直接担当をしてくださった編集長の上江洲安成さん、そして営業副部長の原口大輔さんへ。徳留社長、上江洲さん、原口さん、今回も何度も足を運び、そして励ましてくださってありがとうございました。話9、喜ばれる人に続き、3冊目が生まれましたね。ここからも八谷会長の遺志を継いで、「読者がワクワクする本」を作り続けていきましょう。このチームで本を作れることを誇りに思います。

すばる舎の営業チームのみなさま。ご一緒に書店さんへの挨拶回りをさせていただいた時に、「こんなに足を使って営業してくれてるんだ」と驚きました。「ここの書店で見たよ」とたくさんの人からメッセージをいただけるのは、営業部のみなさんの、その地道な活動のおかげです。「読者さんに自分たちの本を届ける」という姿勢に、いつも本当に勉強させていただいています。ここからもともによろしくお願いいいたします。

略式になりますが、(株)人財育成JAPANのスタッフをはじめ、この本の誕生にご尽力いただきましたすべての方々に心から感謝いたします。

今回もいい子で応援してくれた、我が家の幸運犬であるトイプードルの「とら」「さくら」「ひな」「ももこ」「まる」。孤独な執筆作業の中、力をくれてありがとう。

最後にこの本を手に取ってくださったあなたへ。

「本のチカラで日本を元気に」この言葉のもと、いま出版の有志たちが集まり、いろんな活動が始まりました。その中で、著者として今の私にできること。それは

「1冊の本の価値を少しでも上げる」ということです。

「聞き9プロジェクト」のメンバーで話し合い、「今回は音声をメインにプレゼントしよう」ということになりました。本書の内容の特に大切な部分、そして本文中に書けなかった本書の誕生のきっかけ、編集の裏話を音声プレゼントにしましたので、ぜひお聞きくださいませ。文章としては、今回、泣く泣く削った大切な部分を一部、PDFで掲載しておきますので、ぜひご一読いただければと思います。

「ありがとう。私のことをわかってくれて」あなたにこの言葉が集まりますように。

あなたが聞く力でたくさんの人を癒し、あなたの周りに幸せが集まりますように。

そして、いつまでもあなたが幸せでありますように。

新しく生まれた麻布出版オフィスにて、新しい未来を見つめながら

感謝。

永松茂久

感謝の気持ちを込めた 読者無料特典のご案内

ここまで読んでいただいて本当にありがとうございます。
本書をもっと深く知っていただくために、
コンテンツを準備させていただきました。
少しでもあなたのお役に立てますように。

感謝。永松茂久

①『人は聞き方が9割』特別音声 ♪

②『人は聞き方が9割』誕生秘話 ♪

③泣く泣く割愛した『幻の原稿』 PDF

詳細は下記よりアクセスください。

https://www.nagamatsushigehisa.com/kiki9tokuten

※特典の配布は予告なく終了することがございます。予めご了承ください。
※音声、PDFはインターネット上のみでの配信になります。予めご了承ください。
※このプレゼント企画は、永松茂久が実施するものです。プレゼント企画に関するお問い合わせは「https://nagamatsushigehisa.com/」までお願いいたします。

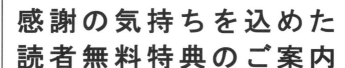

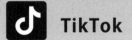

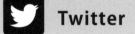

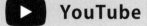

永松茂久　ながまつ・しげひさ

株式会社人財育成JAPAN 代表取締役。

センチュリー出版オフィス 主幹。

大分県中津市生まれ。

2001年、わずか3坪のたこ焼きの行商から商売を始め、2003年に開店したダイニング陽なた家は、口コミだけで毎年4万人（うち県外1万人）を集める大繁盛店になる。自身の経験をもとに体系化した「一流の人材を集めるのではなく、今いる人間を一流にする」というコンセプトのユニークな人材育成法には定評があり、全国で多くの講演、セミナーを実施。「人の在り方」を伝えるニューリーダーとして、多くの若者から圧倒的な支持を得ており、講演の累計動員数は延べ70万人にのぼる。2016年より、拠点を東京麻布に移し、現在は自身の執筆だけではなく、次世代の著者育成、出版コンサルティング、経営コンサルティング、出版支援オフィス、講演、セミナーなど、数々の事業を展開する実業家である。

著作業では2021年、『人は話し方が9割』（すばる舎）がすべての書籍を含む年間ランキングで総合1位（日販調べ）、ビジネス書部門で2年連続1位（日販調べ）、トーハンのビジネス書年間ランキング（トーハン調べ）で1位に輝く。2022年2月、同書が単冊で100万部を突破。2022年上半期も総合1位（日販調べ）、ビジネス書部門では日販、トーハン、オリコンすべてで1位となり3冠を獲得。2022年のビジネス書年間ランキング（日販調べ）では史上初の3年連続1位に輝く。さらに2023年のビジネス書上半期ランキング（日販調べ）では、前人未到の3.5年連続1位を達成。トーハン、オリコンも1位となり3冠を獲得。

著書に『リーダーは話し方が9割』『喜ばれる人になりなさい』（すばる舎）、『君はなぜ働くのか』『君は誰と生きるか』（フォレスト出版）、『感動だけが人を動かす』『40代をあきらめて生きるな』『30代を無駄に生きるな』『20代を無難に生きるな』『影響力』『言葉は現実化する』『心の壁の壊し方』『男の条件』『人生に迷ったら知覧に行け』（きずな出版）、『在り方』（サンマーク出版）、『感動の条件』（KKロングセラーズ）など多数あり、累計発行部数は400万部を突破している。

永松茂久　検索

人は聞き方が9割

2021年12月22日　第１刷発行
2023年12月８日　第12刷発行

著　者　永松茂久《ながまつしげひさ》
発行者　徳留慶太郎
発行所　株式会社すばる舎
〒170-0013 東京都豊島区東池袋3-9-7東池袋織本ビル
TEL　03-3981-8651（代表）　03-3981-0767（営業部）
FAX　03-3981-8638
https://www.subarusya.jp/
印刷所　シナノ印刷株式会社

落丁・乱丁本はお取り替えいたします

ISBN978-4-7991-1008-9